COMMENT FAIRE
DE LA BONNE BIÈRE
CHEZ SOI

DU MÊME AUTEUR

La bière. Saint-Laurent, Éditions du Trécarré, 1983. *Épuisé.*

Comment faire du bon vin chez soi. Saint-Laurent, Éditions du Trécarré, 1986.

Jean-François Simard

COMMENT FAIRE DE LA BONNE BIÈRE CHEZ SOI

nouvelle édition
revue et augmentée

ÉDITIONS DU TRÉCARRÉ

Données de catalogage avant publication (Canada)

Simard, Jean-François
  Comment faire de la bonne bière chez soi
  Éd. rev. et augm. —
  Publ. antérieurement sous le titre:
  La bière — Comment faire de la bière soi-même.
  Comprend un index.
  2-89249-177-0
  1. Brassage — Manuels d'amateurs.   I. Titre.   II. Titre: La bière.
  TP570.S55 1986   641.8'73   C86-096493-0

Conception de la couverture: *Dufour et fille Design*

Photocomposition et montage: *Ateliers de typographie Collette inc.*

Photographie de la couverture: *Paul Casavant*

Nouvelle édition revue, augmentée et mise à jour. Titre de l'édition précédente: *La bière — Comment faire de la bière soi-même* (1983).

ISBN 2-89249-462-1

Dépôt légal — 2e trimestre 1992
Bibliothèque nationale du Québec

Imprimé au Canada

Éditions du Trécarré
817, rue McCaffrey
Saint-Laurent (Québec) Canada
H4T 1N3
(514) 738-2911

TABLE DES MATIÈRES

INTRODUCTION

Faire sa bière chez soi est devenu un loisir à la portée de tous, avec l'apparition sur le marché d'extraits de malt faciles à utiliser qui simplifient énormément la fabrication de la bière à domicile.

Le but de ce livre est de fournir au brasseur amateur une connaissance de base des ingrédients, des techniques et du matériel utilisé pour faire soi-même une bière de qualité comparable à ce qui existe sur le marché, et ce, à un coût bien moindre.

Il existe deux grandes «écoles» de brasseurs amateurs, selon que l'ingrédient de base est le malt ou l'extrait de malt. Ce livre aborde le brassage tant à partir de malt qu'à partir d'extrait de malt.

Pour les débutants, l'emploi d'extrait de malt est préférable; ce n'est qu'après avoir fait quelques recettes avec cet ingrédient que l'amateur devrait essayer de brasser sa bière à partir de malt en grains.

Après avoir réussi à faire leur bière à partir d'extrait de malt, certains préfèrent continuer avec cette méthode plus simple, plutôt que de se lancer dans la fabrication directement à partir de malt. D'autres, par contre, ne jurent que par le brassage à partir de malt. À vous de choisir!

La fabrication domestique de la bière a connu un essor considérable au cours des dernières années. De nouveaux produits et une plus grande variété d'ingrédients se retrouvent aujourd'hui sur les rayons des boutiques spécialisées.

Vous pouvez maintenant vous procurer des extraits de malt afin de brasser chez vous des bières anglaises (ale, porter, bitter, stout), des lagers européennes (pilsener, dortmund, bock), des lagers nord-américaines ou australiennes ainsi que des bières belges (kriek, blanche, bière d'Abbaye).

Il en est de même des variétés de houblon. Obligés de se limiter, il y a quelques années, à quelques variétés d'origine anglaise, les amateurs ont aujourd'hui à leur disposition des crus de houblon réputés, comme le Saaz de Tchécoslovaquie, le Hallertau en provenance d'Allemagne ou le Cascade venant des États-Unis. Les distributeurs vont même jusqu'à indiquer la composition de leur houblon, composition qui peut varier d'une récolte à l'autre. Ce type d'information n'était accessible qu'aux brasseries commerciales jusqu'à tout récemment.

Il y a quelques années, les amateurs qui brassaient leur bière directement à partir de malt étaient peu nombreux. Aujourd'hui, leur nombre a augmenté. Trois chapitres de ce livre et bon nombre de recettes de bière fabriquée directement à partir de malt leur sont destinés. Certains amateurs ont même commencé à malter leurs propres grains ou à cultiver leur propre houblon!

Le nombre de boutiques spécialisées dans la vente des ingrédients et du matériel nécessaires à la fabrication de la bière a connu une croissance rapide.

Il est donc facile de se procurer le matériel et les ingrédients décrits dans ce livre et ce tant au Canada, aux États-Unis, en Angleterre, en Hollande qu'en Belgique.

Dans ce premier chapitre, nous insisterons particulièrement sur :

- le maltage ;
- le brassage ;
- la cuisson et le houblonnage ;
- la fermentation ;
- la maturation et l'embouteillage.

1. LE MALTAGE

L'orge est l'ingrédient de base utilisé lors de la fabrication de la bière. Des variétés particulières de cette céréale ont été développées et sont employées à cette fin.

Cependant, l'orge ne peut être utilisée directement, elle doit d'abord être transformée en malt.

Le maltage comprend trois étapes :

a) le trempage de l'orge ;

b) la germination ;

c) le séchage ou touraillage.

L'orge est d'abord trempée dans l'eau et, sous l'effet de l'humidité, commence à germer. Lors de cette germination, qui dure plusieurs jours durant lesquels la température et l'humidité doivent être contrôlées avec précision, certaines substances appelées enzymes se développent à l'intérieur du grain d'orge. Ces substances ont la propriété de pouvoir, sous certaines conditions, transformer en sucre l'amidon (la farine) contenu dans l'orge. Ce sucre sera à son tour transformé en alcool par les levures au cours de la fermentation. Après la germination, l'orge est séchée. Le séchage se fait en chauffant les grains à des températures plus ou moins élevées selon le résultat voulu ; l'orge peut être simplement séchée ou encore légèrement torréfiée. Après cette opération, la couleur du malt obtenu variera du jaune au brun en passant par toutes les teintes de doré. Selon qu'il désire fabriquer une bière blonde ou brune, le brasseur choisira l'un ou l'autre malt.

Le brasseur amateur n'a pas à s'occuper du maltage. La majorité des recettes et méthodes données dans ce livre utilisent un extrait de malt produit par les malteries sous forme de sirop très concentré et vendu en boîte de conserve. D'autres recettes de ce livre, plus compliquées, sont à base de malt et non d'extrait de malt; cependant il est préférable de commencer par utiliser un extrait de malt plutôt que du malt en grains.

2. LE BRASSAGE

Le but du brassage est d'obtenir à partir des matières premières (eau, malt et houblon) un moût sucré et aromatisé qui, par la suite, subira une fermentation alcoolique. Le brassage comprend les trois opérations suivantes:

- le concassage du malt;
- le brassage proprement dit;
- la filtration du moût.

Lors du brassage, le malt qui a été broyé au préalable est mélangé à de l'eau. Selon le type de bière désiré, on peut utiliser plus d'une sorte de malt et même d'autres céréales et du sucre sous diverses formes. Ce mélange d'eau, de malt broyé et de divers autres ingrédients porte le nom de brassin.

Le brassin est chauffé à des températures précises durant des périodes de temps prédéterminées afin de permettre une transformation complète de l'amidon du malt et des céréales utilisées en sucre: c'est le brassage proprement dit. Cette transformation de l'amidon en sucre par les enzymes avait été faiblement amorcée au cours du maltage. Elle est essentielle, car les levures ne peuvent transformer l'amidon directement en alcool, l'amidon doit au préalable avoir été transformé en sucre par les enzymes développées lors du maltage. Ces transformations en sucre terminées, le brasseur ajoute de l'eau et chauffe encore de façon à obtenir une infusion de malt. Ce liquide est ensuite filtré pour éliminer les enveloppes des grains de malt. Le produit obtenu s'appelle le moût; c'est un liquide sucré qui a déjà la couleur de la bière.

Comme mentionné dans la section sur le maltage, il y a production, lors de la germination, de substances appelées enzymes; ces dernières transforment l'amidon du malt en sucre. Ces enzymes agissent à des températures déterminées. Ainsi, lors du brassage, on doit maintenir le brassin à une température comprise entre 65 et 68 °C (149 et 155 °F) durant une heure pour permettre aux enzymes d'agir, c'est-à-dire de transformer l'amidon en sucre.

3. LA CUISSON ET LE HOUBLONNAGE

Le houblon est une plante dont les fleurs servent à aromatiser la bière. Le houblon, responsable du goût frais et désaltérant de la bière, confère à cette dernière une légère amertume qui sera plus ou moins prononcée selon la quantité ajoutée, le moment où on l'ajoute et le temps qu'on l'y laisse macérer.

Le houblon contribue aussi à la conservation de la bière; lors du brassage, diverses substances ayant des propriétés antiseptiques sont extraites du houblon et passent dans le moût. Ces substances aident à prévenir la contamination de la bière par divers micro-organismes. Le brasseur amateur qui veut obtenir une bière qui «vieillit» bien ne doit pas lésiner sur le houblon.

Le houblon est ajouté au moût qui est ensuite porté à ébullition durant un peu plus d'une heure. Après cette période de cuisson, le moût est filtré à nouveau pour éliminer le houblon et on le laisse ensuite refroidir. Il est alors prêt pour la fermentation.

4. LA FERMENTATION

La fermentation débute avec l'addition de la levure. Le moût que l'on a fait bouillir avec le houblon est d'abord refroidi; une trop haute température tuerait les levures qui sont des organismes vivants. Les levures décomposeront le sucre contenu dans le moût en alcool et en gaz carbonique, c'est cette transformation que l'on appelle fermentation. Les levures tirent leur énergie de cette transformation; c'est leur façon de se nourrir.

La fermentation dure de cinq à six jours, jusqu'à ce que tout le sucre ait été converti en alcool. À partir de ce moment, la bière possède toutes ses caractéristiques, le moût est devenu une boisson moyennement alcoolisée, houblonnée et effervescente, à cause du gaz carbonique émis lors de la fermentation.

Le type de levure utilisée en brasserie a son importance. C'est principalement la variété de levure qui détermine le type de bière produit, soit une ale, soit une lager.

Bière de type ale

Les ales sont des bières dites de fermentation haute parce que les variétés de levure employées ont tendance à remonter en surface durant la fermentation. Les levures utilisées sont des souches de *Saccha-*

romyces cerevisiae (nom scientifique de cette variété de levure).

Durant la fermentation des bières de type ale, la température du moût est maintenue entre 15 °C et 20 °C (60 °F et 68 °F environ). De plus, les ales sont assez fortement houblonnées.

Bière de type lager

Les lagers sont des bières dites de fermentation basse; les levures utilisées ont tendance à demeurer au fond des cuves durant la fermentation. Ces levures sont des souches de *Saccharomyces carlsbergensis* qui supportent mieux les basses températures et permettent de faire fermenter la bière à des températures allant de 10 °C à 15 °C (50 °F à 60 °F environ). Les lagers sont habituellement moins houblonnées que les ales.

Traditionnellement, les Anglais sont des buveurs de ale et les Européens du continent préfèrent la lager. En Amérique du Nord, on retrouve les bières des deux types. Cependant, ce sont des bières légères et pâles de l'un ou l'autre type qui ont habituellement la préférence des consommateurs.

5. LA MATURATION ET L'EMBOUTEILLAGE

À la fin de la fermentation, la levure s'est déposée au fond des cuves; la bière est alors transférée dans des réservoirs où s'effectue une lente maturation à des températures assez basses durant une période de quelques semaines. La température à laquelle s'effectue le vieillissement a de l'importance et affecte la saveur de la bière. La maturation des bières de type ale se fait à des températures plus élevées que la maturation des lagers.

Une fois la période de maturation terminée, la bière est embouteillée à l'aide d'une machine qui injecte dans la bouteille du gaz carbonique sous pression en même temps que la bière, afin de la rendre pétillante. Les bouteilles de bières sont ensuite pasteurisées en les chauffant.

Le brasseur amateur a une autre méthode pour rendre sa bière pétillante; il ajoute une quantité soigneusement mesurée de sucre à chaque bouteille de bière et se fie aux levures pour la production de gaz carbonique. La bière maison n'est pas pasteurisée. Cette méthode est analogue à celle utilisée pour les vins mousseux, comme le champagne, et dans certains pays, elle est encore utilisée pour la bière commerciale.

6. LES DIVERS TYPES DE BIÈRE

La multiplicité des bières à travers le monde rend leur classification difficile. Cependant, certaines bières de grande renommée constituent des types auxquels il est fréquent de se référer.

Le but de cette section n'est pas de donner la liste exhaustive des divers types de bière, mais de donner les caractéristiques des principaux types de bière; ainsi, le lecteur pourra faire un choix parmi les divers extraits de malt vendus dans le commerce ou parmi les diverses recettes proposées dans ce livre.

Les bières se distinguent par:

• le type de levures utilisées: bière de fermentation haute ou basse;

• la couleur: blonde, ambrée, brune ou noire;

• le malt utilisé: selon le type et la quantité employés, la saveur et l'arôme de malt seront plus ou moins prononcés;

• la méthode de brassage;

• la quantité et la variété de houblon utilisées: bière peu ou fortement houblonnée;

• la teneur en alcool : peu ou fortement alcoolisée.

Les bières de type ale

Le mot ale désigne les bières de fermentation haute de type anglais.

Pale ale. Les ales anglaises les plus connues sont les *pale ales*. En dépit de leur nom, les *pale ales* ont une coloration ambrée, donc plus foncée que les bières nord-américaines. Elles ne sont pâles que par comparaison avec d'autres bières anglaises d'un brun foncé comme le porter, ou presque noires comme le stout. Les *pale ales* sont bien houblonnées et ont parfois une saveur de malt assez prononcée. Leur teneur en alcool dépasse 5 %.

Light ale. Le terme *light ale* désigne une *pale ale* dont la teneur en alcool est plus faible. Le mot *light* réfère ici à la teneur en alcool qui est d'environ 4 % et non à la couleur.

Bitter. Bière traditionnelle des pubs anglais, la *bitter* est une *light ale* servie à la pression et passablement houblonnée. Le terme bitter signifie d'ailleurs amer. L'amertume de la *bitter* lui vient du houblon.

Ale canadienne. Les ales canadiennes, dont la coloration est plus pâle que les ales anglaises, sont des bières blondes faiblement houblonnées à saveur de malt peu prononcée. Leur goût est léger, leur effervescence prononcée. Les ales canadiennes ont une teneur en alcool de 5 % (4 % pour les légères). La différence entre les ales et les lagers brassées au Canada est faible.

Brown ale. Les ales brunes anglaises ont une saveur douce et ont habituellement une bonne teneur en alcool. La saveur de malt de ces bières, peu houblonnées, est prépondérante.

Porter. Bière anglaise de fermentation haute à l'origine, les porters sont souvent, aujourd'hui, des bières de fermentation basse d'un brun foncé. La couleur et le goût caractéristique du porter viennent de l'utilisation de grains torréfiés lors du brassage.

Scotch ale. La *Scotch ale* d'origine écossaise est une bière ambrée ou brune, fortement alcoolisée et à saveur de malt très prononcée.

Stout. Le stout est une bière anglaise de fermentation haute. D'un brun très foncé, même noir, le stout est très fortement houblonné; on y retrouve parfois un goût un peu âcre dû aux grains torréfiés utilisés lors du brassage.

Les bières de type lager

Le mot lager désigne toutes les bières de fermentation basse. En Europe, ce terme couvre une grande variété de bières : blondes délicates ou brunes aromatiques, légères ou fortes, peu ou fortement houblonnées.

Lager canadienne et américaine. Au Canada et aux États-Unis, le terme lager désigne des bières très pâles, légères et peu houblonnées du type pilsener. La saveur de malt et de houblon des bières nord-américaines est peu prononcée et leur teneur en alcool est habituellement de 5 %. Leur effervescence est prononcée.

L'opinion courante, à savoir que les bières canadiennes sont plus fortes en alcool que les bières américaines est erronée et provient du fait qu'au Canada, la teneur en alcool est mesurée en volume, alors qu'aux États-Unis, elle est mesurée en poids. Une teneur en alcool de 5 % en volume signifie qu'il y a

5 millilitres d'alcool dans 100 millilitres de bière, alors qu'une teneur en alcool de 4 % en poids signifie qu'il y a 4 grammes d'alcool dans 100 grammes de bière. En fait, 5 % d'alcool en volume équivaut à 4 % d'alcool en poids, car 5 millilitres d'alcool pèsent 4 grammes.

Pilsener. Lager d'origine tchèque, la pilsener est le type par excellence de la lager blonde. Bien houblonnées, les pilseners d'origine ont une teneur en alcool d'environ 5 %.

Lagers allemandes. Les lagers allemandes sont brassées uniquement à partir de malt ; une loi ancienne, et toujours en vigueur, interdit l'utilisation de sucre dans la bière. Le goût et l'arôme de malt de ces bières sont donc plus prononcés. Les plus connues sont la Dortmund, la Munich et la Bock.

Dortmund. Lager blonde d'origine allemande moins houblonnée que la pilsener dont la teneur en alcool varie de 4 à 4,5 %.

Munich. Bière brune aromatique de fermentation basse dont la teneur en alcool est de 4 à 5 %.

Bock. Lagers brunes, à l'arôme de malt accentué, les bières bock allemandes sont assez alcoolisées (environ 6 %) ; certaines d'entre elles dépassent même 10 %. Les bières bock brassées en Amérique ont des teneurs en alcool variables.

II

LA FABRICATION
DOMESTIQUE DE LA BIÈRE

Alors que le chapitre précédent décrivait les méthodes commerciales, ce chapitre décrit la méthode domestique de fabrication de la bière. Les principes sont les mêmes et tout ce qui a été dit demeure valable, mais les modalités et les techniques utilisées varient.

La fabrication de la bière maison comprend les étapes suivantes :

- le brassage proprement dit ;
- la cuisson et le houblonnage ;
- la fermentation principale ;
- la fermentation secondaire ;
- l'embouteillage et la maturation.

Le schéma présenté ci-après donne une description simplifiée de ces diverses étapes et leur durée.

FABRICATION DOMESTIQUE DE LA BIÈRE

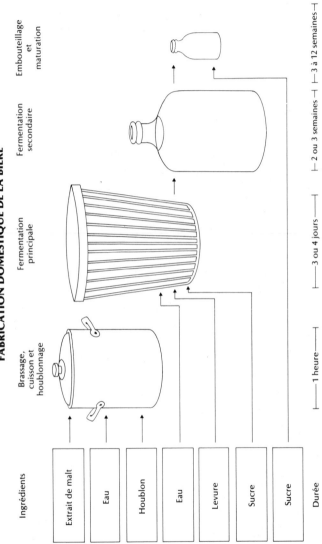

Ingrédients

| Extrait de malt |
| Eau |
| Houblon |
| Eau |
| Levure |
| Sucre |
| Sucre |

Brassage, cuisson et houblonnage

Fermentation principale

Fermentation secondaire

Embouteillage et maturation

Durée

|— 1 heure —| |— 3 ou 4 jours —| |— 2 ou 3 semaines —| |— 3 à 12 semaines —|

1. LE BRASSAGE PROPREMENT DIT

Les techniques de brassage sont différentes selon que l'amateur utilise de l'extrait de malt en sirop ou du malt en grains.

Bière fabriquée à partir d'extrait de malt

Pour la fabrication de la bière domestique, le moût est obtenu simplement en diluant dans l'eau un extrait de malt vendu en conserve. Cet extrait de malt est ni plus ni moins qu'un moût concentré qui a été fabriqué à partir d'orge maltée et se présente sous la forme d'un sirop épais. Comme on le voit, l'extrait de malt est un produit qui a déjà subi de nombreuses transformations et permet au brasseur amateur de sauter deux longues étapes : le maltage et le brassage ; son travail se résume à mélanger l'eau et l'extrait de malt. Toutes les recettes données au chapitre VI sont à base d'extrait de malt.

Bière fabriquée à partir de malt

Au lieu d'utiliser un extrait de malt, certains amateurs utilisent du malt, tout comme les brasseries commerciales. La fabrication de bière à partir de malt est plus complexe, car dans le malt, tout l'amidon n'a pas été transformé en sucre fermentescible. Pour s'en assurer, on doit ajouter une étape supplémentaire à la méthode de brassage, qui consiste à maintenir le mélange d'eau et de malt moulu à une température d'environ 65 °C (150 °F) durant une heure ; cette opération s'appelle le brassage proprement dit. Cependant, peu de brasseurs amateurs possèdent l'équipement pour brasser aisément leur bière à partir de malt en utilisant des procédés qui sont plus difficiles, car une température trop élevée risque de détruire les enzymes et empêcher par la suite la transformation de l'amidon en sucre.

De plus en plus de brasseurs amateurs fabriquent leur bière à partir de malt plutôt qu'à partir d'extrait de malt. Aux dires de certains, la bière ainsi obtenue est de meilleure qualité. Cependant, la fabrication en est plus complexe. Tout débutant devrait acquérir de l'expérience en utilisant des extraits de malt avant d'utiliser du malt. Ce n'est qu'au chapitre VIII que nous abordons la fabrication de la bière à base de malt.

2. LA CUISSON ET LE HOUBLONNAGE

Pour la bière domestique brassée à partir d'extrait de malt, le moût qui est le mélange d'eau et d'extrait de malt auquel on aura ajouté le houblon, est chauffé durant une heure environ, de façon à maintenir une bonne ébullition.

Habituellement, une partie du houblon est ajoutée au moût au début du brassage et l'autre partie un peu avant la fin. Le houblon cède une partie de ses résines, de son tanin et de ses huiles essentielles au moût et lui donne son arôme. Le houblon est infusé dans le moût, comme le thé est infusé dans l'eau bouillante; après, il est retiré. Cette période d'ébullition, en plus d'extraire certaines substances du houblon, aide à clarifier le moût. Le tanin extrait du houblon forme avec certaines substances présentes dans l'extrait de malt (protéines et matières azotées) des composés qui se déposent au fond. Ce phénomène s'appelle la cassure. La matière qui précipite s'appelle le trouble. Le trouble grossier est celui qui se forme durant l'ébullition et le trouble fin celui qui se forme après le refroidissement du moût. Si on utilise un extrait de malt foncé pour faire une bière brune, ces phénomènes passent inaperçus mais avec un moût très pâle, on peut observer que la cassure a bien eu lieu.

Après la cuisson, le moût est refroidi puis filtré à travers une passoire pour enlever le houblon épuisé. Lors de la filtration, on peut placer sur le tamis du coton à fromage ou une fine toile de nylon afin de mieux éliminer le trouble grossier et le trouble fin.

Certains amateurs mettent le houblon dans un sac en toile de nylon et le font tremper dans la marmite durant la cuisson; il est ainsi plus facile de récupérer le houblon. Cependant ce procédé, bien que rapide, a des inconvénients. Lorsque le houblon flotte librement dans le moût, il est entraîné en un mouvement incessant de va-et-vient. Ce processus d'agitation mécanique favorise une bonne cassure et aide à la clarification de la bière.

Ensuite, le moût refroidi est transvasé dans un récipient ouvert. On y ajoute de l'eau, du sucre et quelques autres ingrédients susceptibles de varier selon la recette utilisée.

3. LA FERMENTATION PRINCIPALE

Une fois le moût refroidi, on ajoute la levure. La fermentation débute habituellement en moins de 24 heures. Une légère mousse blanche apparaît à la surface du moût, et quelque temps après, de petites bulles de gaz carbonique, de plus en plus nombreuses, viennent y éclater.

La quantité de mousse à la surface du contenant augmente jusqu'à atteindre environ huit centimètres (trois pouces). Cette couche de mousse blanche est elle-même recouverte d'une mince pellicule brune, appelée les amers. Si on y goûte, on comprendra pourquoi. Ces substances peuvent être enlevées, sans toutefois enlever toute la mousse; les amers risquent de donner un goût âcre à la bière.

Cette première étape est appelée fermentation principale et dure de trois à quatre jours. C'est la

Fermentation principale. Contenant de polyéthylène recouvert d'une feuille de plastique, utilisé lors de la fermentation principale.

phase la plus active de la fermentation : plus des trois quarts du sucre sont transformés en alcool au cours de cette étape.

4. LA FERMENTATION SECONDAIRE

Après quelques jours, le taux de fermentation baisse, la quantité de bulles de gaz carbonique émise diminue, on n'entend plus pétiller le moût, c'est le début de la fermentation secondaire. La bière est alors soutirée (transvasée) du récipient ouvert qui a servi à la fermentation principale à un récipient plus fermé (une cruche par exemple) où se fera la fermentation secondaire qui peut durer de une à trois semaines.

La cruche ou le récipient utilisé ne doit pas être fermé hermétiquement sans quoi il exploserait sous l'effet de la pression du gaz carbonique formé au cours de la fermentation.

La fermentation secondaire est moins active ou intense que la fermentation principale. Le nombre de bulles de gaz carbonique, que l'on voit monter le long des parois de la cruche au début, diminue peu à peu jusqu'à disparaître complètement après quelques semaines. À ce moment, tout le sucre a été transformé en alcool. Le moût qui, avant la fermentation, était un liquide sucré, a été transformé sous l'action des levures en un liquide alcoolisé. On peut, à partir de maintenant, parler de bière. À la fin de la fermentation secondaire, la bière est habituellement bien clarifiée. Les levures et autres matières en suspension se sont déposées au fond de la cruche. Ce dépôt porte le nom de lie. À ce stade, l'addition de gélatine peut aider à la clarification. Cependant, cette bière alcoolisée et clarifiée n'est pas prête à boire, elle est trop jeune et a besoin de mûrir encore un ou deux mois. De plus, elle n'est pas gazeuse puisqu'on a

Fermentation secondaire. Cruche utilisée lors de la fermentation secondaire; on notera la soupape de fermentation (bonde aseptique).

a laissé s'échapper le gaz carbonique produit au cours de la fermentation.

La fermentation secondaire est une étape essentielle à l'obtention d'une bière de bonne qualité. Cette étape ne devrait pas être omise. À l'endos de certaines boîtes d'extrait de malt, on trouve parfois des recettes très simplifiées où l'on suggère d'embouteiller la bière après trois ou quatre jours de fermentation principale. Cette façon de procéder est discutable. La quantité de levure en suspension est encore trop forte à ce moment, ce qui risque de donner une bière trouble plus susceptible d'avoir un goût de levure; de plus, comme on ne connaît pas de façon précise la quantité de sucre qui reste dans la bière à ce moment, la probabilité d'avoir une bière qui n'est pas suffisamment ou trop effervescente est plus grande. Ceci sans compter le risque d'éclatement d'une bouteille dû à une trop grande quantité de sucre résiduel au moment de l'embouteillage.

5. L'EMBOUTEILLAGE ET LA MATURATION

L'embouteillage

La bière est d'abord soutirée de la cruche où s'est effectuée la fermentation secondaire dans un autre récipient, en prenant soin de ne pas agiter la lie. On ajoute alors une faible quantité de sucre qu'il importe de bien mélanger, puis cette bière légèrement sucrée est embouteillée. Les bouteilles sont fermées hermétiquement à l'aide de capsules métalliques.

La fermentation qui avait cessé, faute de sucre, reprendra dans les bouteilles. Il y aura alors transformation du sucre en gaz carbonique. Cette fois, le gaz ne pourra s'échapper car la bouteille est fermée hermétiquement par la capsule métallique. La bière sera donc gazéifiée de façon naturelle par l'action des levures. Cette technique est aussi utilisée pour fabriquer certains vins rendus mousseux par fermentation naturelle.

L'addition de sucre lors de l'embouteillage afin d'obtenir une gazéification naturelle est une opération délicate. La quantité de sucre ajoutée doit être mesurée avec exactitude, car si on en ajoute trop, il se forme trop de gaz carbonique et la bouteille risque d'exploser sous l'effet de la forte pression interne. Par contre, s'il en manque, la bière ne sera pas suffisamment pétillante.

La maturation

Après l'embouteillage, on garde la bière deux semaines à la température de la pièce, 20 °C (68 °F), afin d'amorcer la fermentation du sucre ajouté pour la rendre effervescente. Cette période écoulée, l'effervescence étant assurée, il est préférable de poursuivre la maturation à une température plus basse durant une période d'au moins deux mois. Plus la température est basse, mieux c'est; on doit, par contre, rester au-dessus du point de congélation. La bière peut être bue plus tôt, mais on gagne à la laisser vieillir, car elle s'améliorera constamment durant cette période. Pour les bières plus fortement alcoolisées (6 % d'alcool), le mûrissement peut durer jusqu'à cinq ou six mois. La majorité des recettes de bière données dans ce livre ne seront pas à leur meilleur avant quatre mois.

Ces conditions de température sont des conditions idéales; si, durant l'été, la bière atteint une température plus élevée, elle ne sera pas perdue pour autant mais sa saveur pourra être affectée.

La durée de la période de maturation requise augmente avec:
- la teneur en alcool;

- la quantité de houblon;
- la quantité d'extrait de malt.

6. COMMENT SERVIR LA BIÈRE

Tel que mentionné à la section précédente, il y a une légère reprise de la fermentation après l'embouteillage, due à l'addition de sucre. Cette dernière fermentation terminée, les levures vont se déposer au fond de la bouteille et forment une légère pellicule. Si au moment de servir la bière, la bouteille est trop fortement agitée, les levures retournent en suspension et la bière perd alors sa limpidité et devient trouble. De plus, les granules de levure en suspension dans la bière agissent comme centre de condensation pour le gaz carbonique en solution et la bière perd rapidement son effervescence.

Pour éviter de tels inconvénients, la bière doit être servie de la façon suivante:

1) décapsuler la bouteille sans trop l'agiter;

2) placer le goulot de la bouteille sur le bord du verre;

3) verser la bière doucement en la laissant couler le long du verre et en évitant de la faire glouglouter;

4) à la fin, lorsque la levure s'approche du col de la bouteille, cesser de verser.

À ce moment, il restera peut-être encore 30 millilitres (1 once) de bière dans la bouteille, mais peu importe. Cette méthode vous fera sans doute perdre un peu de bière, mais c'est le prix à payer si on veut une bière limpide qui ne dégazera pas trop rapidement.

Cependant, la bière qui reste au fond de la bouteille n'est pas nécessairement perdue, elle peut être bue avec le dépôt de levure qu'elle contient. Ces levures ont un goût un peu amer, mais elles constituent une excellente source de vitamines. Leur richesse en vitamines du groupe B et en protéines leur confère des propriétés diététiques fort intéressantes. D'ailleurs, beaucoup des propriétés diététiques intéressantes de la bière sont dues à la présence de ces levures résiduelles qui, dans le cas de la bière commerciale, sont éliminées par filtration.

La température à laquelle on doit servir la bière varie entre 7 et 15 °C (45 et 60 °F). Les bières pâles de type lager sont habituellement servies à des températures assez basses, soit 7 °C (45 °F). Les bières brunes, plus aromatiques, peuvent être servies à des températures plus élevées, soit 15 °C (60 °C).

III

LES INGRÉDIENTS

Les ingrédients utilisés sont d'une importance capitale lorsqu'il s'agit de brasser une bonne bière. C'est pourquoi, dans ce chapitre, nous les examinons un à un.

Les principaux ingrédients utilisés sont :

- l'eau ;
- le malt ;
- l'extrait de malt ;
- le houblon ;
- le sucre ;
- les levures ;
- les additifs.

1. L'EAU

L'eau potable n'est jamais complètement pure. Elle contient toujours des sels minéraux dissous. Leur

Malt en grains.

présence a une influence sur les propriétés de l'eau et sur le goût de la bière brassée avec cette eau.

Certains types de bière, les pilseners par exemple, exigent une eau dite «douce» c'est-à-dire contenant peu de sels minéraux, alors que d'autres bières, les ales anglaises, entre autres, exigent une eau contenant de fortes quantités de sels minéraux, ces eaux sont dites «dures».

Sans sels minéraux, l'eau serait neutre, c'est-à-dire ni acide, ni alcaline. Les sels minéraux influencent le degré d'acidité de l'eau et la rendent légèrement acide ou légèrement alcaline.

Certaines recettes recommandent l'ajout systématique d'additifs à l'eau. Ces additifs, mélange de divers sels minéraux, ont pour but de corriger soit l'acidité de l'eau, soit la dureté. Cependant, avant d'en utiliser, on doit connaître le degré d'acidité et la dureté de l'eau et être certain que ces deux propriétés ont besoin d'être corrigées, sans quoi l'usage systématique d'additifs peut accentuer un défaut déjà existant.

Un exposé plus détaillé des propriétés exigées d'une bonne eau de brassage est donné aux annexes 1 et 2.

Inutile de dire que l'eau utilisée doit être stérile, sinon on doit la faire bouillir. Mais, généralement l'eau du robinet peut être utilisée sans problème.

2. LE MALT

La majorité des amateurs brassent leur bière à partir d'extrait de malt plutôt qu'à partir de malt. Cependant, les caractéristiques des extraits de malt dépendent du type de malt utilisé pour leur fabrication.

Le malt est de l'orge germée et séchée. Après la germination, le malt vert (nom donné à l'orge germée non séchée) subit une opération appelée touraillage. Lors du touraillage, le malt vert est chauffé durant un ou deux jours. Au début du séchage, la température est relativement basse mais à la fin, elle est suffisamment élevée pour colorer le malt. Selon la température atteinte, on obtient un malt de couleur plus ou moins foncée et à saveur plus ou moins prononcée. Les diverses variétés de malt sont décrites en détail au chapitre VIII qui traite de la bière fabriquée directement à partir de malt.

3. L'EXTRAIT DE MALT

C'est l'ingrédient de base de la bière maison. Ce produit, vendu dans les boutiques spécialisées, simplifie énormément la fabrication de la bière et minimise les risques d'échec.

L'extrait de malt est fabriqué à partir de malt que l'on a broyé, mélangé à de l'eau et chauffé. Le brassage est effectué dans des installations semblables à

Boîtes d'extrait de malt en sirop.

celles utilisées dans les brasseries et selon les mêmes méthodes, à la différence que le moût obtenu est ensuite évaporé pour le concentrer. Selon son degré de concentration, l'extrait de malt se présente sous deux formes : sous forme liquide (en sirop épais), ou sous forme solide (en poudre sèche). L'extrait de malt en sirop peut être houblonné, c'est-à-dire que le fabricant peut y avoir ajouté du houblon ou un extrait de houblon.

L'extrait de malt non houblonné

L'extrait de malt en sirop se vend en boîte de conserve de différents poids, allant de 1 kilogramme (2,2 livres) pour les plus petites à 1,8 kilogramme (4 livres) pour les plus grosses. Cependant, les deux formats les plus fréquemment rencontrés sont les formats de 1,13 kilogramme, soit 2,5 livres, et 1,5 kilogramme, soit 3,3 livres. De telles quantités sont prévues pour des recettes permettant de faire environ 20 litres (4,4 gallons) de bière.

Sous forme liquide, l'extrait de malt contient 20 % d'eau. À noter cependant que les extraits de malt d'origine américaine sont parfois moins concentrés que les extraits de malt canadiens ou anglais.

Certains extraits de malt vendus dans le commerce ne sont pas fabriqués exclusivement à partir de malt. Une lecture attentive de l'étiquette indique qu'ils contiennent parfois du sirop de maïs, du sirop d'orge et du caramel. L'utilisation du sirop de maïs donne une bière au goût plus léger. Quant au caramel, il sert à donner plus de couleur à la bière.

L'extrait de malt houblonné

La plupart des extraits de malt liquides sont déjà houblonnés. Le fabricant leur a ajouté du houblon ou un extrait de houblon (ou les deux). Il est donc

Extrait de malt en poudre et en sirop.

possible de brasser une bière avec ces extraits de malt sans avoir à y rajouter de houblon.

Ces produits sont de bonne qualité, mais l'utilisateur s'en remet au fabricant pour ce qui est du dosage. Cependant, comme ils sont habituellement assez faiblement houblonnés pour convenir à tous les goûts, on peut utiliser un extrait de malt houblonné pour avoir un minimum de goût de houblon et y ajouter quand même du houblon frais, mais en plus faible quantité. L'avantage de cette méthode est le coût : l'extrait de malt houblonné n'est pas tellement plus cher que le non houblonné ; le brasseur amateur se procure donc du houblon à bon marché.

L'extrait de malt en poudre

L'extrait de malt se vend non seulement sous forme de sirop mais aussi en poudre. Il s'agit du même produit qui a été complètement déshydraté. Un des avantages de ce produit est qu'il se manipule plus facilement lorsqu'une recette fait appel à une partie seulement de la quantité achetée. Il est facile d'utiliser la moitié de l'extrait de malt en poudre et de refermer ensuite le sac pour l'entreposer. Avec un extrait de malt liquide, on demeure avec une demi-boîte d'un sirop collant qu'on doit conserver au réfrigérateur ou au congélateur. Par contre, l'extrait de malt en poudre a l'inconvénient d'être plus difficile à dissoudre dans l'eau, même bouillante, lors du brassage. De plus, il n'est jamais houblonné.

Dans toutes les recettes de ce livre, on peut remplacer l'extrait de malt liquide non houblonné par de l'extrait de malt en poudre ; cependant, comme il ne contient pas d'eau, on doit en utiliser 25 % de moins. Quant à son prix, il est normal qu'à poids égal il se vende 25 % plus cher qu'un extrait en sirop.

L'extrait de malt diastasique

L'extrait de malt diastasique contient des diastases ou enzymes qui transforment l'amidon en sucre. Avec un extrait diastasique, on peut employer des ingrédients qui contiennent de l'amidon, par exemple de l'orge ou du maïs, et non pas que des ingrédients à base de sucre, ce qui est le cas avec les autres extraits de malt. Les enzymes transformeront cet amidon en sucre fermentescible par les levures à condition de maintenir le mélange d'extrait de malt diastasique et de céréales à des températures bien précises. Les techniques de brassage avec un extrait diastasique sont semblables à celles utilisées avec les bières brassées à partir de malt.

Les types d'extrait de malt

La couleur de ces extraits de malt est variable de même que le goût; certains, très pâles, ont la couleur du sirop de maïs; d'autres, très foncés, ont la couleur de la mélasse.

Souvent le type d'extrait de malt est spécifié en donnant le genre de bière qu'il sert à fabriquer. Par exemple, on trouvera sur l'étiquette des indications du genre *lager légère* ou *extrait de malt pour bière de type ale*. Les divers types de bière ont été décrits au chapitre I, afin d'aider le brasseur amateur à faire un choix.

La quantité d'extrait de malt à utiliser

L'extrait de malt est composé, en grande partie, de sucres fermentescibles. Il contient aussi certains glucides ou sucres non fermentescibles comme les dextrines qui, non transformés en alcool lors de la fermentation, demeurent dans la bière et contribuent à lui donner du corps et du moelleux.

Types d'extraits de malt

Appellation française	Appellation anglaise	Couleur et goût de la bière obtenue
Très pâle	*Extra pale* *Extra light*	Blonde pâle Goût très léger
Pâle	*Light* *Pale*	Blonde dorée Goût léger
Ambré	*Amber*	Ambrée Goût prononcé
Foncé	*Dark*	Brune Goût très prononcé

Le défaut le plus fréquent des bières de fabrication domestique est leur manque de corps et de bouche; la bière obtenue est aqueuse et mince. Toute recette qui ne contient pas assez d'extrait de malt va donner une bière qui présente ce caractère; c'est souvent le cas des recettes où l'on utilise 1 kilogramme (2,2 livres) ou moins d'extrait de malt pour 20 litres (4,4 gallons) de bière. Donc un kilogramme d'extrait de malt, c'est le minimum à utiliser et on ne doit pas s'attendre à obtenir une bière moelleuse qui aura de la bouche avec une si faible quantité d'extrait de malt. Pour une bonne bière, même légère, il faut utiliser 1,5 kilogramme (3,3 livres) d'extrait de malt.

Une trop faible proportion d'extrait de malt peut causer l'absence de mousse stable; on aura alors une bière qui pourra être très pétillante, mais qui ne formera pas le col de mousse que doit avoir toute bonne bière.

La qualité de la bière d'extrait de malt

On entend souvent mentionner que la bière brassée à l'aide d'extrait de malt présente une saveur caractéristique d'extrait de malt, saveur qui n'est pas très appréciée. Qu'en est-il? Lorsque l'extrait utilisé est de bonne qualité, il ne confère pas à la bière une saveur différente de celle du malt; cette saveur décrite comme typique des bières d'extrait de malt provient paradoxalement non pas de l'extrait de malt, mais habituellement du fait que l'on en utilise trop peu!

Lorsque l'on examine plus en détail les recettes données dans divers ouvrages, on constate que la recette type de bière brassée à partir d'extrait de malt fait appel à 1 kilogramme d'extrait de malt et du sucre blanc, alors que la recette type brassée à partir de malt en grains fait appel à 2,5 kilogrammes de malt en grains. Pour faire une comparaison valable, la quantité d'extrait de malt utilisée dans une recette devrait être égale à la quantité de malt en grains de l'autre recette. Si ces proportions sont respectées, la bière à partir d'extrait de malt, sans être aussi bonne que la bière de malt en grains, supporte mieux la comparaison.

En conclusion, le brassage de la bière à partir de malt en grains donne de meilleurs résultats, mais lorsque l'on utilise une quantité adéquate d'extrait de malt, on a aussi une très bonne bière. La différence entre les bières obtenues par l'une ou l'autre des méthodes est faible, si bien que la majorité des amateurs préfèrent l'extrait de malt, à cause de la plus grande simplicité du procédé.

4. LE HOUBLON

Le houblon est une plante dont les fleurs servent à aromatiser la bière. Pour ce faire, il doit être frais et de bonne qualité. Après l'extrait de malt, c'est l'ingrédient le plus important. Les fleurs de houblon se présentent sous forme de petits cônes vert pâle qui sont séchés après la cueillette.

La composition du houblon

Le houblon contient:
- des résines amères;
- des huiles essentielles;
- du tanin.

Les résines amères. Les résines amères, comme leur nom l'indique, sont responsables de l'amertume de la bière et contribuent à en faire un breuvage désaltérant. De plus leurs propriétés antiseptiques en favorisent la conservation. Ces résines sont difficilement solubles dans l'eau; c'est pourquoi le brassage comprend toujours une longue phase d'ébullition du moût auquel le houblon a été ajouté, pour bien extraire les résines des cônes de houblon.

Les huiles essentielles. Les huiles essentielles sont des composés aromatiques très volatiles qui donnent à la bière sa saveur et son bouquet de houblon. Ces huiles seront perdues en grande partie lors de l'ébullition du moût. Pour pallier cette perte, le houblonnage se fait en deux étapes; une partie du houblon est ajoutée au début de l'ébullition (les résines ont le temps d'être extraites) et l'autre partie est ajoutée un peu avant la fin du brassage (les huiles essentielles ne se sont pas encore toutes évaporées à la fin).

Le tanin. Le houblon contient aussi du tanin qui, lors de l'ébullition du moût, se combine aux protéines et aux matières azotées. La coagulation de ces substances est nécessaire si on veut obtenir une bière limpide. De plus le tanin qui reste dans la bière contribue à lui donner une légère astringence.

Houblon pressé en briquettes, houblon séché et houblon en granules.

Les diverses formes de houblon

Dans les boutiques spécialisées, le houblon se vend sous plusieurs formes :

- le houblon séché ;
- le houblon pressé ;
- le houblon en granules ;
- les extraits de houblon.

Le houblon séché. Sous cette forme, les cônes de houblon sont tout simplement séchés après la cueillette et mis en sac. Les petits cônes vert pâle mesurent un centimètre environ et doivent être entiers. Si les cônes sont défaits et effeuillés, c'est mauvais signe.

Certaines variétés de houblon vendues sous cette forme sont de meilleure qualité que le houblon pressé en briquettes (mais ce n'est pas toujours le cas), et sont utilisées en fin de brassage dans certaines recettes pour donner la touche finale à l'arôme et à la saveur. On parle alors de houblon fin ou de houblon aromatique. Certaines variétés conviennent bien à cet usage, soit les variétés Golding, Cascade, Hallertau et Saaz.

Le houblon pressé. Le houblon se trouve aussi sous forme de houblon pressé en petites briquettes. Habituellement il se conserve mieux sous cette forme, car bien tassé, il y a moins d'air entre les cônes et il risque moins de s'éventer. C'est le format le plus pratique et le moins dispendieux.

Le houblon pressé est utilisé au début du brassage et peut aussi l'être à la fin pour donner l'arôme et la saveur finals à la bière. Il peut très bien remplacer le houblon séché à cette fin et ceci à un coût moindre.

Le houblon en granules. Le houblon en granules est du houblon qui a été broyé mécaniquement pour le réduire en poudre. Cette poudre est ensuite pressée pour en faire des granules plus gros. Aucun additif n'est ajouté à ce produit; les résines et les huiles du houblon servent de liant et font que le houblon broyé se tient ensemble.

Les recettes de ce livre font appel à du houblon séché ou pressé. Si on utilise du houblon en granules, on doit réduire la quantité utilisée d'environ 25 %.

Le houblon en granules est souvent empaqueté dans des enveloppes de papier métallique hermétiquement scellées. Ces emballages assurent un maximum de fraîcheur.

Les extraits de houblon. Il existe aussi des extraits de houblon. Ces extraits vendus sous forme liquide ont l'apparence d'une huile ou d'un sirop léger. Leur mode d'emploi varie selon le type d'extrait utilisé.

Certains extraits doivent être bouillis comme le houblon nature. D'autres, appelés extraits isomérisés, n'ont pas besoin d'être bouillis avec l'extrait de malt. Les extraits isomérisés peuvent donc être ajoutés à la bière avant l'embouteillage, ce qui n'est pas le cas des extraits non isomérisés.

Quel que soit le type d'extrait employé, la quantité à utiliser dépend du degré de concentration du produit, il faut donc s'en remettre aux instructions données par le fabricant.

La conservation du houblon

L'arôme et la saveur du houblon vont se dégrader rapidement s'il est exposé à l'air, à la lumière ou à la chaleur. C'est pourquoi il doit être vendu dans des emballages en plastique fermés hermétiquement. Une fois acheté, il est préférable de le conserver au réfrigérateur ou mieux au congélateur. Le meilleur emballage pour en préserver la fraîcheur est l'enveloppe métallique utilisée pour le houblon en granules.

Souvent ces enveloppes contiennent une atmosphère d'azote, donc pas d'air. Ce procédé est souvent employé dans l'industrie alimentaire pour assurer la fraîcheur des produits.

Le houblon frais est d'un vert léger et possède une odeur prononcée, alors que le houblon éventé est jaune brunâtre et son odeur est faible.

Si on écrase un cône de houblon entre la paume de ses mains, il doit, s'il est bien frais, dégager un arôme intense ; les mains devraient rester un peu collantes à cause des résines qui doivent être encore visqueuses même si les bractées ou feuilles du cône sont bien sèches. Une autre façon de déterminer la fraîcheur du houblon est l'examen de la couleur de la lupuline. La lupuline est une fine poudre qui adhère à la base des feuilles qui constituent les cônes de houblon. Cette poudre contient une grande partie des résines et des huiles essentielles ; si le houblon est frais, la lupuline est de couleur jaune, alors que s'il est éventé la lupuline est orange ou brune.

Les méthodes de houblonnage

Il existe différentes techniques de houblonnage selon que l'on fait :

- une seule addition de houblon ;
- deux additions de houblon ;
- du houblonnage à cru.

Une seule addition de houblon. La première méthode consiste à faire une seule addition de houblon au début du brassage. C'est la méthode la plus simple : la bière aura suffisamment d'amertume sans avoir la saveur et l'arôme de houblon dus aux huiles essentielles qui se seront évaporées lors de l'ébullition.

Deux additions de houblon. La méthode la plus fréquemment employée consiste à faire deux additions de houblon. La plus grande partie est ajoutée au début du brassage. Ce houblon subira une longue période d'ébullition nécessaire à l'extraction des résines qui sont responsables du goût amer de la bière.

L'autre partie est ajoutée dix minutes avant la fin du brassage et contribue à donner une saveur et un arôme de houblon à la bière. On parle pour cette raison, de houblon aromatique.

Pour la première addition, on peut utiliser des variétés de houblon assez amères, alors que pour la deuxième addition on utilise des variétés aromatiques moins amères.

Le houblonnage à cru. Il existe une autre méthode de houblonnage appelée houblonnage à cru, parce que le houblon aromatique est ajouté une fois la cuisson terminée. Cette méthode ne remplace pas les méthodes précédentes, elle s'y ajoute. On doit toujours ajouter du houblon lors de la cuisson, en utilisant l'une des méthodes précédentes, mais en plus, on peut avoir recours au houblonnage à cru.

Pour ce faire, on met le houblon dans un sac en nylon, on l'ébouillante en le plongeant dans le moût en ébullition à la fin du brassage et on le laisse tremper dans le moût durant les trois ou quatre premiers jours de la fermentation principale. La quantité de houblon utilisée est habituellement faible, de 10 à 15 grammes (0,5 once) pour une recette de 20 litres (4,4 gallons). Il est important de stériliser le houblon en l'ébouillantant. Comme il s'agit d'une plante séchée, le houblon peut contenir certaines bactéries ou moisissures susceptibles de contaminer la bière.

On recommande parfois de ne pas ébouillanter le houblon ; dans ce cas, on devrait attendre que la fermentation ait débuté avant de l'ajouter au moût ; les levures auront alors une bonne avance sur d'éventuelles bactéries susceptibles de contaminer le moût.

Les variétés de houblon

Les caractéristiques des variétés de houblon les plus utilisées sont décrites ci-après.

Brewer's Gold

- très amer ;
- utilisé pour les ales fortes et les stouts ;
- variété très répandue cultivée en Angleterre, en Europe et en Amérique.

Bullion

- mêmes caractéristiques que le Brewer's Gold.

Cascade

- houblon aromatique, amertume moyenne ;
- utilisé comme houblon fin ou pour le houblonnage à cru ;
- houblon nord-américain ;
- employé dans plusieurs variétés de bières nord-américaines.

Cluster

- amertume moyenne ;
- très employé avec les bières nord-américaines.

Fuggles

- houblon aromatique, peu amer ;
- utilisé traditionnellement avec les ales anglaises.

Galena

- très amer.

Golding

- houblon aromatique peu amer, d'origine anglaise ;
- il existe plusieurs variétés de Golding, le plus connu étant le Kent Golding ;

• utilisé avec les ales pâles ou les lagers comme houblon fin ou pour le houblonnage à cru.

Hallertau

• houblon aromatique, amertume moyenne ;

• peut être utilisé en début ou en fin de brassage ;

• traditionnellement utilisé avec les bières blondes de type lager, mais peut être employé avec les ales légères ;

• utilisé pour le houblonnage à cru.

Northern Brewer

• très amer ;

• houblon d'origine anglaise à saveur prononcée, cultivé aussi en Amérique.

Saaz

• houblon aromatique peu amer ;

• d'origine tchèque, à saveur très délicate, c'est un houblon de première qualité ;

• à utiliser avec les lagers légères de type pilsener.

Styrian Golding

• houblon aromatique, amertume moyenne.

Les quantités de houblon indiquées dans les recettes de ce livre sont pour des variétés peu amères ou d'amertume moyenne, comme les Cascade, Cluster, Fuggles, Golding, Hallertau et Saaz. Si vous utilisez des variétés très amères, divisez la quantité par deux. À noter qu'une même variété peut avoir une saveur différente selon le sol ou le climat de la région où elle est cultivée.

Il est souvent avantageux de mélanger deux variétés différentes de houblon dans une même recette.

Un exposé plus détaillé de l'utilisation du houblon est donné à l'annexe 4.

5. LE SUCRE

Le sucre de canne

Le sucre utilisé dans les recettes de ce livre peut être du sucre de canne (c'est le type de sucre vendu dans les épiceries) ou du sucre de maïs.

Le sucre de canne est complètement transformé en alcool et en gaz carbonique lors de la fermentation et ne contribue pas du tout, contrairement à l'extrait de malt, à donner du goût, de l'arôme et du corps à la bière. Ce peut être un avantage pour les bières légères. Néanmoins, on doit éviter d'en utiliser une trop grande quantité, sans quoi la bière risque d'être insipide.

Le défaut le plus fréquent des bières de fabrication domestique est leur manque de corps et de bouche; toute recette qui contient plus de sucre que de malt risque de présenter ce défaut, décrit parfois comme vineux, où le goût de la bière se rapproche de celui du cidre. On entend parfois dire que le sucre confère un mauvais goût à la bière, c'est faux. Le sucre ne confère aucun goût particulier à la bière. C'est d'ailleurs pourquoi il faut éviter d'en utiliser trop! Il ne sert qu'à alléger le goût et augmenter la teneur en alcool. Il est plus exact de dire qu'une trop grande quantité de sucre donne une bière mal balancée, ce qui est vrai de tout ingrédient d'ailleurs. En règle générale, toute recette devrait utiliser au moins deux fois plus d'extrait de malt que de sucre.

On peut améliorer bien des recettes en remplaçant deux tasses de sucre par deux tasses d'extrait de malt en poudre.

Le sucre de canne est habituellement stérile, mais il est quand même préférable de l'ajouter au moût en ébullition pour éviter les risques de contaminations. De plus ceci a l'avantage d'en faciliter la dissolution dans le moût.

Le sucre de maïs

Certaines boutiques spécialisées vendent du sucre de maïs, qui peut avantageusement remplacé le sucre de canne. Cependant, en raison de différences au niveau de la structure moléculaire de chacun de ces sucres, les quantités utilisées peuvent parfois être différentes. Le sucre de maïs est moins «sucré» car ses cristaux contiennent 20 % d'eau ; on doit en utiliser 20 % de plus pour avoir le même effet, c'est-à-dire la même teneur en alcool.

Tout comme le sucre de canne, il ne faut pas en utiliser une trop grande quantité car on obtiendra une bière mince. Il doit être bouilli avec le moût.

Le sucre de maïs, appelé aussi dextrose, est en fait du glucose obtenu par transformation de l'amidon de maïs en sucre. Cette transformation n'est pas toujours complète et il reste dans le sucre de maïs, en plus du glucose, une faible quantité de substances non fermentescibles qui contribuent à donner du corps à la bière. C'est pourquoi on recommande souvent d'employer du sucre de maïs plutôt que du sucre de canne.

Le sirop de maïs

Le sirop de maïs peut être utilisé seulement s'il est pur. Les variétés vendues dans le commerce spécialement pour la fabrication de la bière le sont. Par contre le sirop de maïs utilisé comme dessert est souvent aromatisé à la vanille et laissera un arrière-goût inacceptable à la bière ; il peut aussi contenir divers additifs susceptibles d'empêcher les levures de se développer ainsi que du caramel pour lui donner sa couleur dorée.

Le sirop de maïs, moins coûteux, est parfois mélangé aux extraits de malt vendus dans le commerce.

C'est acceptable pourvu que la proportion de sirop ne soit pas trop forte, car l'amateur qui achète un extrait de malt vise à obtenir une bière qui aura l'arôme et le goût caractéristiques que lui confère le malt.

Le sirop de maïs contient principalement du sucre de maïs et de l'eau, c'est pourquoi le goût qu'il confère à la bière est faible. Cependant, certaines variétés destinées aux brasseurs amateurs peuvent contenir une quantité plus élevée de dextrine non fermentescible.

Comme le sucre de canne ou de maïs, il faut le faire bouillir avec le moût ou tout au moins l'ajouter un peu avant la fin de l'ébullition.

Le lactose

Le lactose est un sucre que l'on retrouve dans un produit bien connu: le lait, d'où il est extrait. Ce sucre est utilisé par les brasseurs amateurs, car il n'est pas fermentescible par les levures; donc, si on ajoute du lactose à une recette de bière, il ne sera pas transformé en alcool, comme le sucre de canne ou de maïs, mais demeurera dans la bière après la fin de la fermentation, lui donnant ainsi un goût plus doux et plus moelleux. C'est le seul produit qui peut être utilisé pour «sucrer» la bière ou la rendre plus douce.

On peut ajouter — bien que ce ne soit pas indiqué dans les recettes des chapitres VI et IX — du lactose à toutes les recettes. La quantité suggérée pour une recette de 20 litres (4,4 gallons) est de 125 millilitres (1/2 tasse); si on en aime le goût, après un premier essai, augmenter à 250 millilitres (1 tasse). L'addition se fait lors de l'embouteillage: dissoudre le lactose dans une ou deux tasses d'eau bouillante et l'ajouter à la bière.

Le lactose a l'apparence du sucre en poudre et est disponible dans les boutiques spécialisées.

La malto-dextrine

Les dextrines sont des sucres non fermentescibles dont l'effet sur le goût de la bière est important ; leur présence contribue à lui donner du corps, de la bouche et un goût un peu plus doux.

La malto-dextrine est de la dextrine obtenue à partir de malt. Elle a l'apparence du sucre en poudre et contient environ 85 % de dextrine non fermentescible et 15 % de sucres fermentescibles.

L'extrait de malt en contient déjà, mais si on veut augmenter la quantité contenue dans le moût, on peut en rajouter. La quantité suggérée pour une recette de 20 litres (4,4 gallons) est de 125 millilitres (1/2 tasse). Si on en aime la saveur, augmenter à 250 millilitres (1 tasse) ou 375 millilitres (1½ tasse).

La malto-dextrine est ajoutée au moût en ébullition à la fin du brassage.

Le miel

Les miels de trèfle légers constituent un ingrédient de choix pour les bières blondes ; ils leur confèrent un caractère particulier sans toutefois trop en changer le goût. À partir de 250 millilitres (1 tasse) par 20 litres (4,4 gallons), le goût en est perceptible dans les bières légères.

Le miel, en particulier le miel non pasteurisé, contient une foule de bactéries et de levures sauvages, qui, bien que présentes, ne peuvent s'y développer à cause de la trop forte concentration de sucre. Cependant, lorsque le miel est ajouté à un moût de bière plus dilué, elles se retrouvent dans un milieu de croissance idéal. C'est pourquoi le miel doit toujours être bouilli avec le moût afin de le stériliser.

La mélasse et la cassonade

Certaines recettes de bière font appel à de la mélasse; à cause du goût prononcé de cet ingrédient, son emploi sera limité aux bières brunes très foncées, comme les stouts. C'est un ingrédient à éviter avec les bières blondes. Dans les bières brunes, le goût en est perceptible dès que la quantité dépasse 250 millilitres (1 tasse) par 20 litres (4,4 gallons) de bière.

La cassonade vendue commercialement n'est autre chose que du sucre blanc auquel on a ajouté de la mélasse. On n'utilise cet ingrédient qu'avec les bières brunes; si la quantité utilisée dépasse 500 millilitres (2 tasses) par 20 litres (4,4 gallons) la saveur en est perceptible.

Comme tous les autres types de sucre, la mélasse et la cassonade doivent être ajoutées au moût en ébullition pour en faciliter la dissolution et les stériliser.

6. LES LEVURES

Les levures sont des organismes vivants unicellulaires qui appartiennent au règne végétal. Comme tout organisme vivant, elles se reproduisent, et ce, très rapidement. Une cuillerée à thé de levure ajoutée à un moût pourra donner, à la fin de la fermentation, une couche d'un quart de centimètre sur tout le fond de la cruche. Elles doivent être bien traitées: des températures trop élevées, plus de 40 °C (104 °F), risquent de les tuer et des températures trop basses les empêchent de faire fermenter le moût.

Les variétés de levures

Les levures à bière sont des variétés de levures qui ont été sélectionnées à cette fin, à cause de leur capacité à produire de l'alcool rapidement et à se déposer au fond de la cruche une fois la fermentation terminée, pour former un dépôt compact, laissant ainsi la bière complètement clarifiée.

Diverses variétés de levures à bière se trouvent sur le marché; les levures pour usage général où le type de bière n'est pas précisé, les levures de type ale et les levures de type lager. Les levures à bière d'usage général conviennent bien pour tous les types de bières et vont faire fermenter le moût à des températures d'environ 20 °C (68 °F). Les levures à ale (*Saccharomyces cerevisiae*) sont actives aussi à ces mêmes températures. Les levures à lager (*Saccharomyces Carlsbergensis*) peuvent supporter des températures plus basses, soit 10 °C (50 °F) ou moins.

La levure à bière se vend en sachet, sous forme de granules séchés; c'est la forme la plus pratique à utiliser. On peut également se procurer des cultures de levures en suspension dans une solution nutritive ou croissant sur de la gélose, mais l'utilisation de ces cultures est plus complexe car l'amateur est obligé de multiplier ces cultures plusieurs jours avant d'ensemencer le moût.

La préparation d'un levain

Après le brassage de la bière, la température du moût est parfois très élevée et on doit attendre qu'il ait refroidi avant d'y ajouter les levures, c'est-à-dire de l'ensemencer. Cette période est dangereuse, car à ce moment le moût, ne contenant pas d'alcool, est plus susceptible d'être contaminé par des levures sauvages, des bactéries ou des moisissures. Même après l'addition de levures séchées, il s'écoule une période de 12 à 24 heures avant que la fermentation active ne débute. En effet, la quantité de levure ajoutée au moût est très faible (un sachet de levure séchée ne contient habituellement que sept grammes) et les levures doivent d'abord se multiplier. Pendant cette période de reproduction, la population de levures augmente très rapidement mais il y a peu d'alcool de produit; or ce n'est que lorsqu'il contient une quantité suffisante d'alcool que le moût résiste bien aux diverses sources de contamination.

Afin de raccourcir cette période dangereuse, le brasseur amateur peut préparer un levain dès le début du brassage ou même la veille. On appelle levain une petite portion de moût (ensemencé avec des levures séchées) qui fermente activement et est utilisé pour ensemencer la totalité du moût une fois celui-ci refroidi.

Ainsi, par exemple, si après le brassage, la température du moût est trop élevée, plus de 30 °C (86 °F), les levures ne peuvent y être ajoutées immédiatement, on doit attendre qu'il refroidisse. Cependant, on peut prélever 1/2 litre (2 tasses) de moût, le faire refroidir rapidement et y ajouter des levures sèches lorsque la température atteint 20 °C (68 °F). Les levures commenceront à se multiplier aussitôt et lorsque, 24 heures plus tard, la totalité du moût sera refroidie, on pourra y ajouter ce levain qui est l'équivalent de plusieurs fois la quantité de levure initiale. La bière ainsi ensemencée finira de fermenter 24 heures plus tôt et la période dangereuse aura été raccourcie d'autant.

INSTRUCTIONS POUR LA PRÉPARATION D'UN LEVAIN

1° Prélever 500 millilitres (2 tasses) de moût et couvrir le contenant.

2° Faire refroidir à 20 °C (68 °F).

3° Ajouter un sachet de levures sèches; après une ou deux heures, une fine mousse apparaîtra à la surface du levain et de petites bulles viendront y éclater.

4° Lorsque la totalité du moût est refroidie à 20 °C (68 °F), y ajouter le levain.

7. LES ADDITIFS

Les additifs sont des substances ajoutées à la bière pour des raisons de fabrication, de conservation ou de présentation. Ce ne sont pas à proprement parler des ingrédients. À noter cependant que la distinction entre additifs et ingrédients est parfois arbitraire.

Les principaux additifs utilisés lors de la fabrication de la bière sont :

- la vitamine C ;
- le caramel ;
- les éléments nutritifs pour les levures ;
- la carraghénine ;
- le Polyclar ;
- la gélatine ;
- le gypse ;
- les agents moussants.

La vitamine C

La vitamine C ou acide ascorbique est ajoutée à la bière lors de l'embouteillage. C'est un antioxydant dont le rôle est d'empêcher l'oxydation de la bière, oxydation qui s'accompagne d'une perte de saveur, de fraîcheur et de couleur. On appelle oxydation toute réaction au cours de laquelle l'oxygène de l'air réagit avec un aliment. Un bel exemple d'oxydation est celui de la pomme coupée en deux qui, exposée à l'air, devient brune en moins d'une demi-heure.

L'emploi de la vitamine C est évidemment sans danger et même bénéfique pour la santé.

La dose à utiliser est de 2,5 millilitres (1/2 c. à thé) pour une recette de 20 litres (4,4 gallons) de bière.

Le caramel

Le caramel est obtenu en faisant chauffer du sucre jusqu'à ce qu'il brunisse.

Employé pour donner de la couleur à certaines bières brunes et les rendre plus foncées, cet additif parfois présent dans les extraits de malt n'est pas utilisé dans les recettes de ce livre.

Les éléments nutritifs pour les levures

Les levures ont besoin pour se nourrir non seulement de sucre mais aussi de divers autres éléments nutritifs, soit des protéines, des vitamines et des sels minéraux. Elles trouvent dans un moût fait à partir de malt ou d'extrait de malt tous les éléments nutritifs dont elles ont besoin.

L'addition d'éléments nutritifs est rarement nécessaire, si ce n'est pour les moûts où la quantité de sucre dépasse la quantité d'extrait de malt. Si c'est le cas, on recommande souvent d'ajouter certains éléments nutritifs, soit du phosphate diammonique et un extrait de levure.

Le phosphate diammonique, appelé aussi phosphate d'ammonium, est utilisé parce qu'il fournit de l'azote aux levures; l'azote est un élément indispensable à tous les organismes vivants. D'autres sels d'ammonium sont parfois utilisés, mais l'emploi du phosphate diammonique est préférable.

Les extraits de levure sont utilisés parce qu'ils sont riches en vitamine du groupe B et plus particulièrement en vitamine B1 (thiamine). À noter que lorsqu'on parle d'extrait de levure, il ne s'agit pas de levures vivantes mais bien d'éléments nutritifs extraits de levures mortes.

La dose d'éléments nutritifs à utiliser est de 5 millilitres (1 c. à thé) de phosphate diammonique et de 5 millilitres (1 c. à thé) d'extrait de levure pour une recette de 20 litres (4,4 gallons) de bière.

On peut aussi utiliser un mélange commercial d'éléments nutritifs. Ces mélanges sont habituellement composés des deux éléments mentionnés plus haut.

La carraghénine

La carraghénine est une substance naturelle extraite d'algues marines dont le rôle est d'aider à la clarification de la bière.

Utilisée seulement avec les bières brassées à partir de malt, elle est ajoutée 20 minutes avant la fin de l'ébullition du moût.

La dose à utiliser est de 2,5 millilitres (1/2 c. à thé) pour une recette de 20 litres (4,4 gallons).

Le Polyclar

Une bière parfaitement claire à la température de la pièce peut présenter un trouble léger ou une légère opalescence lorsque refroidie à 10 °C ou moins. Ce phénomène est réversible : réchauffée la bière redeviendra limpide. Ce phénomène curieux est dû à la présence de tanin qui se combine aux protéines présentes dans la bière pour former des composés responsables de ce voile qui apparaît dans la bière.

Ce n'est pas un défaut majeur qui exige nécessairement d'être corrigé puisque le goût de la bière n'en est pas affecté. Cependant, si on désire éliminer ce léger trouble, il existe à cette fin un produit vendu dans le commerce sous le nom de Polyclar.

Le Polyclar est une fine poudre de plastique qui, ajouté à la fin de la fermentation secondaire, entraîne les tanins présents dans la bière au fond de la cruche, éliminant ainsi le trouble dont ils sont responsables. La poudre de plastique et le tanin sont éliminés avec la lie lors du soutirage.

La dose à utiliser est de 30 millilitres (6 c. à thé) pour une recette de 20 litres (4,4 gallons) de bière.

La gélatine

Au cours de la période de maturation, les particules en suspension dans la bière vont se déposer lentement au fond de la cruche sous l'effet de la gravité, jusqu'à ce que la bière devienne limpide. Cependant, pour assurer une meilleure clarification, on utilise de la gélatine : soit la gélatine vendue en sachet dans toutes les épiceries, soit la gélatine spécialement vendue à cette fin dans les boutiques spécialisées. La dose à utiliser est de 2,5 millilitres (1/2 c. à thé) pour une recette de 20 litres (4,4 gallons) de bière.

Le mode d'emploi est le suivant :

1° Ajouter 2,5 ml (1/2 c. à thé) de gélatine à 250 ml (1 tasse) d'eau ou de bière ;

2° Chauffer légèrement pour bien dissoudre, mais sans faire bouillir ;

3° Ajouter à la bière vers la fin de la fermentation secondaire.

Le gypse

Le gypse, ou sulfate de calcium, est l'un des sels minéraux habituellement présent dans l'eau. À l'origine les meilleures ales anglaises provenaient de régions où l'eau utilisée était particulièrement riche en sulfate de calcium ; c'est pourquoi on l'utilise parfois en petite quantité pour traiter les eaux qui serviront au brassage de bière de type ale. Certaines recettes de ce livre en contiennent. Cet ingrédient ou additif se vend dans les boutiques spécialisées.

Ajouté à l'eau, le gypse contribue à en augmenter le degré d'acidité, ce qui est un avantage lors du brassage à partir de malt. Pour un exposé plus détaillé des propriétés et de l'emploi du gypse, voir les annexes 1 et 2.

Pour les bières brassées à partir d'extrait de malt, l'emploi du gypse de façon systématique n'est pas recommandé, à moins que l'eau utilisée ne soit déficiente en sels minéraux. Il acidifie le moût et habituellement les bières brassées à partir d'extrait de malt sont déjà trop acidulées.

Les agents moussants

Le brasseur amateur peut trouver sur le marché des agents moussants; ce sont des produits qui aident à la formation et à la tenue de la mousse. Souvent, l'ingrédient actif de ces produits est une substance végétale extraite de l'écorce d'un arbre, le quillaja. Normalement une bière bien balancée mousse sans avoir recours à ce genre de produit et on doit plutôt modifier la recette utilisée ou changer les ingrédients plutôt que d'avoir recours à ce genre d'artifice. Cependant, si on ne réussit pas, ces agents moussants sont généralement efficaces et assurent la formation d'une mousse stable. L'utilisation d'une plus grande quantité d'extrait de malt est toujours préférable à l'utilisation d'un agent moussant. Voir le chapitre X à ce sujet.

IV

LE MATÉRIEL DU
BRASSEUR AMATEUR

Ce chapitre décrit le matériel et les ustensiles dont on aura besoin pour chacune des opérations nécessaires à la fabrication de la bière. Ces opérations sont :

- le brassage ;
- la fermentation principale ;
- le soutirage ;
- la fermentation secondaire ;
- l'embouteillage et le capsulage ;
- le nettoyage et la stérilisation ;
- les mesures de densité et de température.

Les recettes données dans ce livre sont pour 20 litres (4,4 gallons) de bière. Les capacités recommandées pour les divers contenants décrits dans ce chapitre sont fonction de ces recettes. Pourquoi vingt litres ? Pour les raisons suivantes :

MATÉRIEL

BRASSAGE

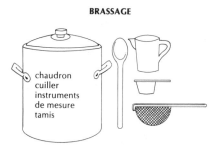

chaudron
cuiller
instruments
de mesure
tamis

FERMENTATION PRINCIPALE

contenant ouvert en plastique
feuille de plastique et ficelle

SOUTIRAGE

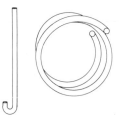

tube en plastique rigide en U
tube flexible

**FERMENTATION
SECONDAIRE**

cruche
soupape de fermentation

EMBOUTEILLAGE

embouteilleuse
tube en plastique rigide en U
tube flexible

CAPSULAGE

capsuleuse

• le poids d'une cruche contenant plus de 20 litres est tel que peu de personnes peuvent la manipuler aisément;

• ce volume de bière est équivalent à 60 bouteilles de format standard: une bonne provision;

• l'extrait de malt se vend en boîte de 1,5 kilogramme (3,3 livres); or 1,5 kilogramme d'extrait de malt par 20 litres de moût (une boîte par recette), c'est le minimum requis; un kilogramme par 25 litres donne une bière trop mince, il faudrait alors utiliser une boîte et un quart d'extrait de malt, ce qui est peu pratique.

1. LE BRASSAGE PROPREMENT DIT

Une marmite d'une capacité d'au moins 10 litres (environ 2 gallons) est nécessaire pour le brassage de la bière; elle servira à faire bouillir le moût. L'acier inoxydable, la fonte émaillée ou l'acier émaillé, sont complètement inertes et conviennent bien à cet usage. L'aluminium peut aussi être utilisé mais convient moins bien.

Les recettes de ce livre sont calculées pour 20 litres (4,4 gallons); comme il n'est pas nécessaire de faire bouillir toute l'eau utilisée, une marmite plus petite est suffisante. Cependant, si on dispose d'une marmite de grande capacité, il est préférable de faire bouillir toute l'eau. Si, lors de la cuisson, le moût est trop concentré, il aura tendance à caraméliser et à prendre une teinte plus foncée. De plus, les résines du houblon seront mieux extraites si le moût est suffisamment dilué. Il est recommandé de faire bouillir au moins 10 litres (2 gallons) d'eau avec l'extrait de malt.

À la fin du brassage, le moût sera filtré à travers une passoire pour enlever les cônes de houblon épuisés par la cuisson. Le diamètre de la passoire utilisée doit être d'au moins 20 centimètres (8 pouces). Le houblon peut être placé dans un petit sac en nylon qu'on laissera flotter dans le moût lors de la cuisson; cette méthode évite d'avoir à filtrer le moût à la fin. Cependant, il est préférable pour la qualité de la bière de laisser bouillir les cônes de houblon librement dans le moût, même si cela donne plus de travail au brasseur. Tel qu'indiqué au chapitre II, on obtiendra ainsi une meilleure cassure et une bière plus limpide, particulièrement avec les bières de malt.

Lors du brassage, on aura aussi besoin des ustensiles usuels suivants: une cuiller en bois ou en plastique (prendre le manche le plus long possible), une tasse à mesurer et un ensemble de cuillers à mesurer. **Lorsqu'une recette fait appel à une cuillerée à thé, il importe d'utiliser des cuillers à mesurer et non une cuiller quelconque.** Toutes les mesures données sont évidemment pour des cuillerées rases. Pour de petits volumes, moins de 125 millilitres (1/2 tasse), les tasses à mesurer ne sont pas assez précises, utiliser des cuillers à mesurer.

2. LA FERMENTATION PRINCIPALE

Pour la fermentation principale, on utilise un contenant ouvert de 40 litres (8 gallons) en matière plastique (polyéthylène). Ce contenant devra être léger pour en faciliter le nettoyage et fait d'un plastique approuvé pour usage alimentaire. On évitera tout plastique coloré. Il doit y avoir un espace libre entre le haut du contenant et le niveau de liquide pour laisser place à la couche de mousse.

Durant toute la durée de la fermentation principale, ce contenant sera couvert d'une feuille de plastique, repliée sur les côtés et attachée à l'aide d'une ficelle. Durant cette étape, beaucoup de gaz carbonique sera produit. Ce gaz, plus lourd que l'air, tend à demeurer à la surface de la cuve de fermentation principale formant ainsi une couche protectrice entre la surface du moût et la feuille de plastique. Le gaz carbonique empêche l'oxydation du moût et la contamination par les bactéries. Sans lui, le moût en contact avec l'air se gâterait durant les quelques jours que dure la fermentation principale, comme c'est le cas de tout aliment laissé plusieurs jours à l'air libre sans réfrigération.

Après quelques jours, la fermentation ralentit et la quantité de gaz carbonique émise diminue ; c'est pourquoi l'on doit alors transférer la bière du contenant ouvert qui a servi à la fermentation principale à un contenant fermé (non hermétiquement) où la bière sera à l'abri et bien isolée de toute source de contamination.

3. LE SOUTIRAGE

Pour soutirer ou transvaser la bière d'un récipient à l'autre, on utilise un siphon. Un tube flexible en plastique transparent convient très bien.

Lors du soutirage, le récipient d'où l'on tire la bière est placé plus haut que le récipient vide. Après avoir introduit une extrémité du tube dans la bière, le siphon est amorcé en aspirant l'air par l'autre extrémité et on laisse la bière s'écouler doucement. Une autre méthode pour amorcer un siphon consiste à le plonger dans un bassin d'eau ; une fois le tube empli d'eau, on bouche les deux extrémités en les pinçant, puis on introduit l'une des extrémités dans la cruche de bière et on laisse la bière s'écouler.

On évite le plus possible de remuer ou de trop agiter la bière ; trop exposée à l'air, elle risque de s'éventer et de perdre son arôme et sa saveur. Il ne faut pas la laisser tomber du haut de la cruche.

Lors du soutirage, on doit éviter de remuer et de transvaser la couche de lie qui s'est formée au fond du récipient. L'une des raisons du soutirage est d'éli-

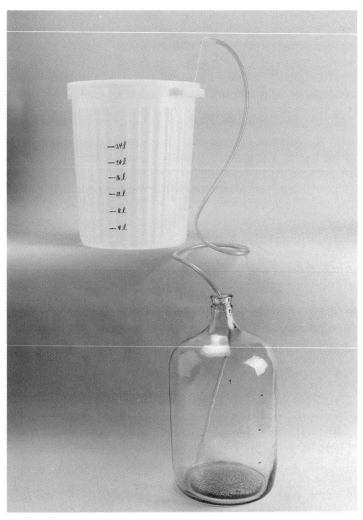

Soutirage. Cette opération s'effectue à l'aide d'un tube en plastique flexible, fixé à un tube rigide dont l'extrémité est recourbée en forme de U.

miner ce dépôt, formé de levures mortes ou inactives, de débris de houblon et de divers composés qui proviennent de l'extrait de malt. Pour ce faire, le tube flexible doit être maintenu au-dessus de la lie; comme le tube n'est pas rigide et a tendance à flotter dans la bière, on pourra fixer une de ses extrémités à un tube de plastique rigide qui se manipulera plus facilement; si l'extrémité de ce dernier est recourbée vers le haut en forme de U, comme sur l'illustration ci-après, le soutirage sera plus aisé.

L'opération sera encore facilitée si l'on fixe un second tube de plastique rigide à l'autre extrémité du tube flexible.

Après la fermentation principale, lors du premier soutirage, on doit s'assurer que la cruche dans laquelle on transvase la bière est complètement remplie. Au début, on doit laisser un espace vide de quelques centimètres, car la quantité de gaz produite est assez importante et la bière mousse, mais dès que la fermentation ralentit, on ajoute de l'eau afin de toujours garder la cruche pleine. Plus la quantité d'air dans la cruche est grande, plus l'oxydation est forte et la bière s'évente. Les risques de contamination par les micro-organismes présents dans l'air sont aussi plus grands. Mieux vaut alors diluer la bière avec de l'eau que de risquer d'avoir une bière sans saveur ou contaminée.

La plupart des micro-organismes susceptibles de contaminer la bière ont besoin d'oxygène, donc d'air pour se développer; ils ne peuvent croître dans une atmosphère composée de gaz carbonique. Cependant, comme la quantité de gaz carbonique diminue à mesure que progresse la fermentation secondaire, les précautions prises doivent augmenter.

4. LA FERMENTATION SECONDAIRE

Une cruche en verre de 20 litres (4,4 gallons) est

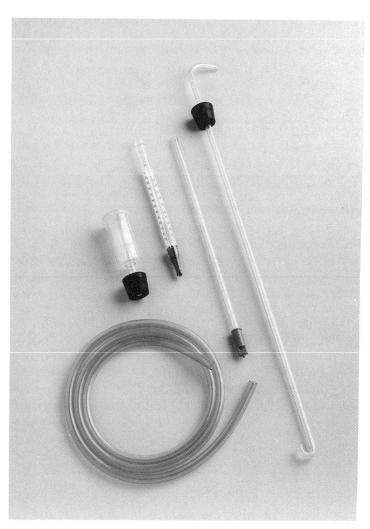

Matériel. Tube flexible, soupape de fermentation, thermomètre, embouteilleuse et tube en U.

nécessaire pour la fermentation secondaire. Le verre peut être teinté ou non. Teinté, il a l'avantage de réduire la lumière qui est susceptible de favoriser certaines réactions chimiques nuisibles à la saveur de la bière; non teinté, il permet de mieux suivre la fermentation. Si on utilise une cruche en verre clair, elle devra être recouverte d'un sac en papier ou en plastique opaque, à moins que la fermentation ne se fasse à l'obscurité. Au lieu d'utiliser une seule cruche de 20 litres (4,4 gallons), on peut utiliser cinq cruches de 4 litres. Leur faible poids en rend la manipulation plus aisée. Cependant, elles présentent les inconvénients suivants: l'oxydation est plus grande, il y a cinq espaces d'air libre au lieu d'un seul, et lors du soutirage, il y aura plus de pertes, on devra laisser environ 3 centimètres (1 pouce) de bière dans chaque cruche.

La cruche utilisée doit être fermée par un bouchon muni d'une soupape de fermentation appelée aussi bonde ou bonde aseptique. La soupape de fermentation tient lieu de bouchon non hermétique. Fixée sur la cruche où se fait la fermentation secondaire, elle permet au gaz carbonique de s'échapper tout en empêchant l'air et les micro-organismes d'y pénétrer. Elle préserve donc la bière contre ces formes de contamination.

Les soupapes de fermentation, peu dispendieuses, sont faites de plastique. Elles se présentent sous la forme d'un récipient cylindrique dans lequel on verse une solution stérilisante de métabisulfite de potassium. La préparation de ces solutions stérilisantes est décrite plus loin dans ce chapitre sous le titre: **Le nettoyage et la stérilisation**.

Les cruches en verre peuvent aussi être utilisées lors de la fermentation principale; ceci minimise les risques de contamination et d'oxydation. Cependant un contenant en plastique ouvert est plus facile à utiliser.

5. L'EMBOUTEILLAGE ET LE CAPSULAGE

Les bouteilles

Les bouteilles utilisées pour la bière sont conçues pour supporter la pression interne due au gaz carbonique. On ne doit pas utiliser des bouteilles d'un autre type, par exemple des bouteilles de vin; ces dernières ne peuvent supporter une grande pression interne et risquent d'éclater. Les bouteilles doivent être parfaitement propres. Le nettoyage en est simplifié si on les lave immédiatement après usage; sinon, un dépôt sirupeux colle aux parois et il est difficile de les nettoyer. On utilise à cette fin de l'eau de Javel. Ce produit a l'avantage de nettoyer et de stériliser les bouteilles.

L'embouteilleuse

Pour emplir les bouteilles, on utilise une embouteilleuse. L'embouteilleuse est un simple tube de plastique rigide muni à l'une de ses extrémités d'une petite soupape. L'embouteilleuse est fixée au siphon lorsque la bière est soutirée de la cruche dans les bouteilles. La soupape est maintenue en position fermée par la pression de la bière ou un petit ressort; cependant une pression exercée en sens inverse peut l'ouvrir momentanément et la bière peut alors s'écouler librement dans la bouteille. Pour remplir une bouteille, on introduit la tige de l'embouteilleuse jusqu'à ce que la soupape appuie sur le fond de la bouteille; alors, elle s'ouvre et la bière s'écoule. La bouteille remplie, on lève le tube et la soupape se referme.

Ce petit instrument peu coûteux simplifie la tâche et évite les éclaboussures. On peut se le procurer à coût modique dans les boutiques spécialisées.

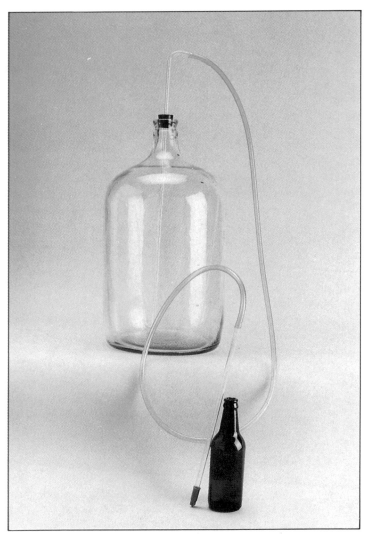

Embouteillage. Cette opération se fait au moyen d'une embouteilleuse fixée à l'extrémité du tube flexible.

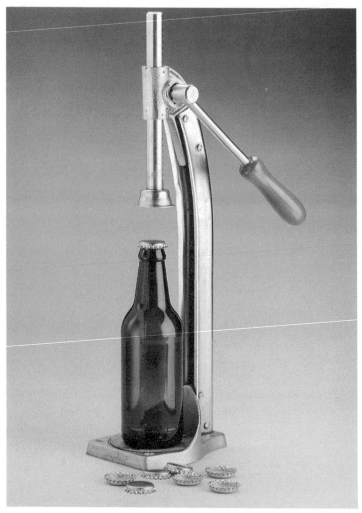

Capsuleuse et capsules métalliques.

Le capsulage

Les bouteilles de bière seront bouchées avec des capsules métalliques fixées à l'aide d'un instrument appelé capsuleuse. Les bouchons de liège ou autres sont à éviter. On trouve divers modèles de capsuleuses dans les boutiques spécialisées; c'est un investissement nécessaire. Les capsules métalliques sont peu dispendieuses.

Bière en bouteille ou bière en fût

La majorité des brasseurs amateurs embouteillent leur bière. Cependant, il est possible de la mettre en fût plutôt qu'en bouteille et d'avoir à la maison de la bière en fût. Pour ce faire, il faut acheter un contenant capable de supporter une forte pression interne, vendu spécialement à cette fin. Ces contenants de 20 à 25 litres (4 à 5 gallons) sont munis d'un robinet pour servir la bière. Habituellement en plastique rigide, ils peuvent supporter la pression développée par la fermentation du sucre ajouté lors de la mise en fût; après la fermentation secondaire, on ajoute une faible quantité de sucre à la bière et plutôt que d'embouteiller, on soutire la bière dans ces petits barils qui sont ensuite fermés hermétiquement. La fermentation reprend et la pression se développe à l'intérieur du baril. Lorsqu'on ouvre le robinet, la bière pétillante sort sous pression, poussée par le gaz carbonique qui s'est accumulé lors de la fermentation. La maturation se fait dans le baril.

Lorsqu'on sert un verre de bière, l'air n'entre pas dans le baril car la pression du gaz carbonique à l'intérieur est supérieure à la pression atmosphérique à l'extérieur. Le volume occupé précédemment par la bière est occupé par le gaz carbonique qui prend alors de l'expansion, du moins au début, car à la fin, la quantité de gaz carbonique peut être insuffisante et à ce moment, la bière ne sera plus gardée sous aussi forte pression et sera donc moins pétillante. Pour remédier à cette situation, certains de ces fûts sont munis de systèmes permettant l'injection de gaz carbonique. Ce dernier est contenu dans une petite bombonne métallique qui, fixée au fût par un système de soupape, permet de maintenir une pression suffisante de gaz carbonique jusqu'à ce que le baril soit vide et d'obtenir une bière pétillante jusqu'à la dernière minute.

L'utilisation de ces fûts a l'avantage de supprimer la corvée du lavage des bouteilles, l'embouteillage et le capsulage. Cependant, bien des brasseurs amateurs les ont abandonnés après en avoir fait l'essai durant quelque temps.

L'utilisation de ces fûts conçus pour supporter une pression de quelques atmosphères n'a pas que des avantages. L'inconvénient principal est sans doute que la bière n'est pas froide, à moins de disposer d'un réfrigérateur spécial où l'on peut mettre le fût ou d'une cave très fraîche. Pour les brasseurs amateurs anglais, pour qui ces fûts ont été conçus à l'origine et qui savourent leur *bitter* tiède et peu pétillante, ce n'est pas un inconvénient mais pour les Canadiens ou les Américains qui préfèrent leur bière froide, ce peut en être un. De plus, mettre 20 litres de bière dans un même contenant, c'est un peu mettre tous ses oeufs dans le même panier; si une bouteille de bière mal capsulée n'est pas pétillante, ça n'a pas d'importance; cependant, s'il s'agit de toute la recette, c'est différent.

6. LE NETTOYAGE ET LA STÉRILISATION

Le matériel utilisé pour la fabrication de la bière doit être très propre. Le moût de bière constitue un milieu idéal pour le développement des bactéries et des moisissures. Ces micro-organismes présents dans l'air peuvent contaminer la bière durant la fabrication.

L'eau de Javel

Pour nettoyer à fond les bouteilles et cruches de verre avant de les utiliser, l'eau de Javel (solution d'hypochlorite de potassium) est l'un des meilleurs détersifs à utiliser. Employez le procédé suivant: ajoutez-en suffisamment pour couvrir le fond de la bouteille ou de la cruche; emplir d'eau; laisser reposer deux minutes; vider et rincer à l'eau courante à plusieurs reprises jusqu'à ce que toute odeur ait disparu. L'eau de Javel ainsi utilisée enlèvera de minces dépôts de saleté laissée par des détergents ordinaires.

Les bouteilles utilisées doivent être scrupuleusement propres. Toute trace de détergent empêche la bière de mousser et peut communiquer à cette dernière un arôme et un goût douteux.

L'ingrédient actif de l'eau de Javel est l'hypochlorite de potassium ou de sodium. La concentration de la solution est indiquée sur l'étiquette; elle varie habituellement entre 4 et 6 %. Choisir la concentration la plus forte possible.

Le métabisulfite

Un autre produit de stérilisation fort utile est le métabisulfite de sodium ou de potassium (les deux sels ont les mêmes propriétés). On l'utilise pour stériliser l'équipement et non pour le nettoyer; c'est un agent de stérilisation et non un détersif comme l'eau de Javel qui nettoie et stérilise à la fois.

Le métabisulfite est vendu en poudre. Pour l'utiliser, on le dissout dans l'eau et on rince le matériel avec cette solution. La concentration requise pour la solution est de deux pour cent. On obtient une solution à deux pour cent en mélangeant 20 grammes de métabisulfite avec une quantité suffisante d'eau pour obtenir un volume total de 1 litre (1 once pour une pinte). La solution doit être gardée dans une bouteille fermée sans quoi elle s'évente rapidement.

Pour stériliser l'équipement, on le rince avec cette solution. Lorsque dissous dans l'eau, le métabisulfite de sodium se transforme; il y a formation d'anhydride sulfureux, un gaz incolore d'odeur suffocante qui est fortement antiseptique.

La solution de métabisulfite est aussi employée pour emplir les soupapes de fermentation. On s'assure ainsi que l'eau est stérile. Si jamais une goutte d'eau tombe dans la bière, cette dernière ne sera pas contaminée.

7. LES MESURES DE DENSITÉ ET DE TEMPÉRATURE

Le thermomètre

Un thermomètre du type employé en confiserie et qui peut flotter à la surface du moût ou de la bière convient très bien.

Le densimètre

Le densimètre est un instrument qui sert à mesurer la densité relative des liquides. Il donne au brasseur des indications sur la quantité de sucre dans un moût et permet de calculer la quantité d'alcool dans une bière. C'est un instrument très utile pour suivre l'évolution de la fermentation. En suivant à la lettre les recettes mentionnées dans ce livre, on peut s'en passer mais son emploi est recommandé pour des raisons de sécurité. Son utilisation est décrite plus loin.

V

UTILISATION DU DENSIMÈTRE

Le densimètre est un outil fort utile pour le brasseur amateur, il permet de déterminer la fin de la fermentation, évitant ainsi d'embouteiller une bière dont la fermentation n'est pas terminée, ce qui est dangereux. **L'emploi du densimètre est en conséquence fortement recommandé pour des raisons de sécurité.**

1. LA DENSITÉ DES LIQUIDES

Le densimètre est un instrument utilisé pour mesurer la densité relative des liquides. Comme la densité d'un moût varie avec la quantité de sucre présente, le densimètre nous indiquera donc la quantité de sucre dans le moût.

À volume égal, deux substances peuvent avoir des masses ou des poids différents; on dit alors que leurs densités sont différentes. Ainsi, un litre d'eau a une masse de un kilogramme alors que le même

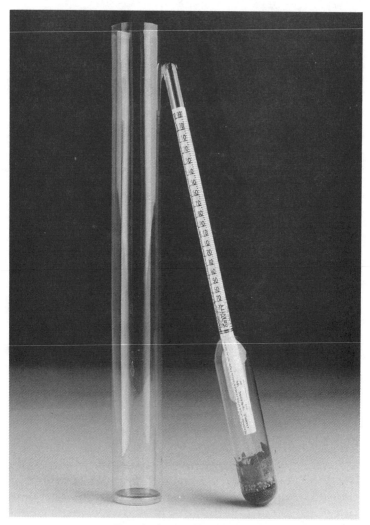

Densimètre et éprouvette.

volume de mercure, soit un litre, a une masse de 13,6 kg; on dira alors que le mercure est 13,6 fois plus dense que l'eau et que sa densité relative est de 13,6 (par rapport à l'eau).

La densité des liquides est toujours exprimée par rapport à l'eau. La densité de l'eau a donc la valeur un (1,000), et un liquide plus dense que l'eau a une densité plus grande que un et un liquide moins dense que l'eau a une densité inférieure à un.

L'alcool pur a une densité de 0,792; un mélange d'eau et d'alcool aura donc une densité comprise entre 1,000 et 0,792.

Si on ajoute du sucre à de l'eau, la densité du mélange augmentera proportionnellement à la quantité de sucre ajouté. Un moût de bière, par exemple, peut avoir une densité de 1,040. Examinons ce qui arrive à la densité au cours de la fermentation de la bière. Au début, on a un moût non fermenté qui est à toutes fins utiles, un mélange d'eau et de sucre; sa densité est plus grande que 1,000, soit par exemple 1,040, à cause de la présence du sucre qui rend le moût plus dense que l'eau. Au cours de la fermentation, les levures transforment le sucre en alcool. Le sucre qui au début augmentait la densité du mélange est remplacé graduellement par de l'alcool qui contribue à la diminuer. La mesure de la densité nous permet donc de suivre l'évolution de la fermentation de la bière.

2. LE DENSIMÈTRE

Description

Le densimètre est un long tube de verre scellé, élargi à la base et lesté avec du plomb. La partie haute du tube de verre porte une échelle graduée sur laquelle on lit la densité directement. La base, plus large, est lestée avec du plomb, ce qui permet au

LA LECTURE DU DENSIMÈTRE

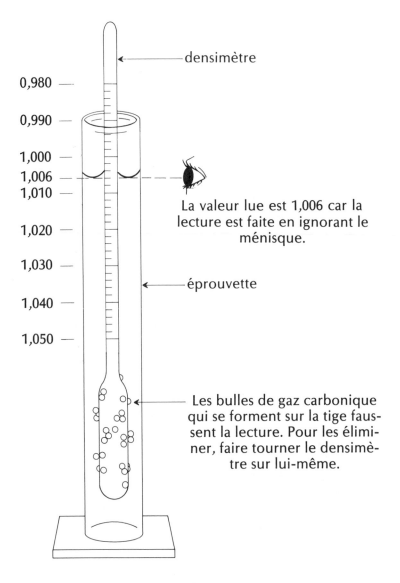

densimètre

0,980

0,990

1,000
1,006
1,010

La valeur lue est 1,006 car la lecture est faite en ignorant le ménisque.

1,020

1,030

éprouvette

1,040

1,050

Les bulles de gaz carbonique qui se forment sur la tige faussent la lecture. Pour les éliminer, faire tourner le densimètre sur lui-même.

densimètre de se maintenir à la verticale lorsqu'il flotte dans un liquide.

Pour mesurer la densité d'un liquide, on y fait flotter le densimètre. La profondeur à laquelle il s'enfonce dépend de la densité de ce liquide. Les densimètres sont habituellement vendus avec une éprouvette. L'éprouvette est un contenant cylindrique ayant la forme d'un long tube muni d'une base dans lequel on met le liquide dont on veut mesurer la densité. Ce contenant est habituellement en verre ou en plastique transparent.

Le mode d'emploi

Le densimètre s'utilise de la façon suivante :

1° On verse la bière ou le moût dans l'éprouvette.

2° On plonge le densimètre dans le liquide.

3° On agite pour éliminer les bulles d'air ou de gaz carbonique qui ont pu se former sur la surface de la tige.

4° On lit la densité sur l'échelle graduée à la hauteur où la tige traverse la surface du liquide.

Lors de la lecture, il faut maintenir l'oeil à la même hauteur que le niveau du liquide. Vous remarquerez, à ce moment, que sous l'effet de la tension superficielle, la surface du liquide s'incurve au point de contact avec la tige du densimètre et que le liquide remonte un petit peu le long de la tige ; c'est ce qu'on appelle le ménisque. La lecture exacte est prise au niveau de la surface du liquide et non pas au sommet du ménisque.

Le densimètre ne doit pas toucher à la paroi de l'éprouvette. Il doit être propre et sec : une goutte d'eau sur l'extrémité de la tige augmente son poids et fausse les lectures. Autre source d'erreur, des bulles d'air ou de gaz carbonique se forment sur la partie submergée de la tige; pour les éliminer, il suffit, par un mouvement de rotation, de faire tourner la tige sur elle-même.

3. LA GRADUATION DU DENSIMÈTRE

L'échelle d'un densimètre utilisé pour la fabrication de la bière doit être graduée de 0,990 à 1,060 au moins. Habituellement, les densimètres vendus dans le commerce sont destinés à la fabrication du vin et sont gradués de 0,990 à 1,090 ou 1,100 ce qui est largement suffisant. Cependant, plus l'échelle couverte est grande, moins la précision est bonne.

Habituellement, la densité s'exprime en utilisant le degré de densité. Ainsi, un moût dont la densité est de 1,030 aura 30 degrés ou 30° et un moût de 1,038 aura 38 degrés ou 38°. Pour obtenir la densité en degrés, on ne retient que les deux derniers chiffres de la densité relative (si cette dernière est plus grande que 1,000) ou pour être plus exact, le nombre de degrés de densité est la densité relative moins un multipliée par mille. Par exemple, pour un moût dont la densité est égale à 1,095, on aura :

Densité en degrés = (1,095 − 1,000) × 1000
= 0,095 x 1000
= 95.

Cette façon d'exprimer la densité en degrés n'est pas très scientifique mais elle est d'usage courant.

À remarquer que les valeurs de densité relative inférieures à 1,000 ont des valeurs en degrés négatives.

À noter que la densité d'un moût exprimée en degrés n'est pas identique à sa teneur en alcool. Cependant, il existe un lien entre la densité initiale d'un moût (c'est-à-dire la densité mesurée avant le début de la fermentation) et la teneur en alcool de la bière obtenue.

Densité relative	Densité en degrés
1,040	+40°
1,030	+30°
1,020	+20°
1,010	+10°
1,000	0°
0,995	– 5°
0,990	–10°

4. LES CORRECTIONS EN FONCTION DE LA TEMPÉRATURE

Le densimètre est calibré pour être utilisé à une température de 15,5 °C (60 °F). Lorsqu'on mesure la densité d'un liquide dont la température est très éloignée de celle-ci, la lecture n'est plus exacte et doit être corrigée en utilisant le tableau donné ci-après :

Par exemple, si on mesure la densité d'une bière à une température de 30 °C (86 °F) et qu'elle est

TABLEAU 5.1

Table de correction en fonction de la température

Température		Correction	
10 °C	50 °F	–0,001	–1°
15 °C	59 °F	0,000	0°
20 °C	68 °F	+0,001	+1°
25 °C	77 °F	+0,002	+2°
30 °C	86 °F	+0,003	+3°
35 °C	95 °F	+0,005	+5°
40 °C	104 °F	+0,007	+7°

1,010, alors la correction en fonction de la température est +0,003, donc la densité est 1,013 :

DENSITÉ RELATIVE = 1,010 + 0,003 = 1,013

Si on utilise la notation en degrés, on a alors une bière de 10 ° de densité auxquels on ajoute la correction, 3 °, ce qui donne 13 ° de densité, soit l'équivalent d'une densité relative de 1,013.

En règle générale, les mesures faites à la température de la pièce n'ont pas besoin d'être corrigées ; c'est seulement dans le cas d'une bière très froide ou d'un moût très chaud que ces corrections s'imposent.

5. L'UTILITÉ DU DENSIMÈTRE

Le densimètre sert à :

• mesurer la quantité de sucre dans un moût de bière ;

• suivre l'évolution de la fermentation ;

• calculer l'atténuation d'une bière et sa teneur en alcool.

Mesure de la quantité de sucre

Avant le début de la fermentation, il n'y a pas encore d'alcool et seul le sucre contribue à augmenter la densité. La densité est donc à ce stade une bonne mesure de la teneur en sucre. Connaissant la densité initiale d'un moût, la teneur en sucre est donnée par le tableau 5.2.

Selon ce tableau, un moût de densité initiale 1,040 ou 40 ° contient 10,2 % de sucre, c'est-à-dire 102 grammes de sucre dans chaque litre de moût. Si on suppose que tout le sucre est transformé en alcool, ceci devrait nous donner environ 5,3 % d'alcool en volume dans la bière, ce qui est rarement le cas, et

TABLEAU 5.2

Table de densité

1 Densité relative	2 Densité en degrés	3 Sucre en %	4 Alcool en % (maximum)
1,000	0	0	0
1,005	5	1,5	0,6
1,010	10	2,8	1,3
1,015	15	4,0	2,0
1,020	20	5,3	2,6
1,025	25	6,5	3,3
1,030	30	7,8	4,0
1,035	35	9,0	4,6
1,040	40	10,2	5,3
1,045	45	11,5	5,9
1,050	50	12,6	6,6

en ce sens les valeurs de la colonne 4 sont des valeurs maximum et sont peu précises. L'erreur provient du fait que le sucre n'est pas la seule substance présente dans le moût qui contribue à la densité. Le moût n'est pas uniquement un mélange d'eau et de sucre, il contient d'autres substances qui agissent sur la densité. Une méthode plus précise de mesure de la teneur en alcool est indiquée plus loin dans ce chapitre, mais la densité initiale permet tout de même de faire de bonnes prévisions.

Certains densimètres sont parfois calibrés en degrés Balling ou en degrés Brix. Les degrés Balling et Brix sont égaux et correspondent à 1 % de sucre. Un moût de 10 ° Balling contient donc 10 % de sucre en poids, soit 10 grammes de sucre pour cent grammes de moût. Dans ce livre, plutôt que de parler d'un moût de 20 ° Balling, nous dirons simplement qu'il contient 20 % de sucre.

Évolution de la fermentation

Le densimètre a une autre utilité : il permet de suivre l'évolution de la fermentation. Prenons l'exemple d'un moût de densité initiale égale à 1,040 ; à la fin de la fermentation, la densité sera d'environ 1,000. Le graphique suivant donne un aperçu de l'évolution de la densité en cours de fermentation. Durant les douze premières heures, la densité varie peu, car les levures sont peu nombreuses. Après vingt-quatre heures, la fermentation principale est habituellement bien amorcée et la densité décroît rapidement jusqu'au quatrième ou cinquième jour. Ensuite, la chute est beaucoup plus lente car il reste peu de sucre et les levures commencent à être affectées par la présence de l'alcool qui diminue leur activité.

Densité au cours de la fermentation

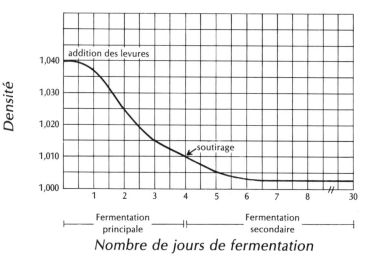

Nombre de jours de fermentation

94

Cette courbe de fermentation est typique mais la fermentation ne se déroulera pas toujours exactement de cette façon. Elle peut être plus ou moins rapide. L'influence de la température à cet égard est prépondérante ; à noter cependant qu'une fermentation plus rapide ne donne pas nécessairement une meilleure bière, bien au contraire, les fermentations lentes à basse température sont préférables pour les bières de type lager.

Le densimètre permet de déterminer avec certitude la fin de la fermentation. Tout arrêt de la fermentation se détecte aisément à l'oeil ; en effet les bulles de gaz carbonique cessent de monter à la surface de la cuve ou de la cruche. Mais il peut y avoir arrêt de la fermentation sans qu'il y ait transformation complète du sucre en alcool. Un tel arrêt pourrait être dû à une baisse de température ou à une culture de levure faible qui ne trouve pas suffisamment de nourriture dans le moût. Il serait alors dangereux d'embouteiller cette bière qui contient encore une forte quantité de sucre. Le densimètre nous indique donc le moment où la bière doit être embouteillée.

Atténuation et teneur en alcool

La densité initiale ou la quantité de sucre présente initialement permet de prédire la teneur en alcool probable à l'aide de la table 5.2. Cependant, la précision de cette méthode n'est pas très bonne car la bière n'est pas en fait un mélange d'eau et d'alcool, fort heureusement d'ailleurs, de même que le moût avant fermentation n'est pas uniquement un mélange d'eau et de sucre. Les extraits de malt contiennent des substances non fermentescibles en quantité variable, lesquelles demeurent dans la bière. De plus, même le sucre n'est jamais fermenté complètement. Ainsi, la densité finale d'une bière à 5 % d'alcool est rarement en bas de 1,000 ce qui serait le cas si la bière était composée uniquement d'eau et d'alcool.

Pour calculer avec plus de précision la teneur en alcool d'une bière, on doit connaître l'atténuation de la bière. On appelle atténuation d'une bière la différence entre sa densité initiale en degré et sa densité finale en degré, c'est-à-dire la densité du moût avant le début de la fermentation et la densité de la bière au moment de la consommation, après que le sucre ajouté à l'embouteillage ait été fermenté. La teneur en alcool exprimée en % est obtenue en divisant l'atténuation mesurée en degrés par 7,6.

ATTÉNUATION = DENSITÉ INITIALE — DENSITÉ FINALE

TENEUR EN ALCOOL en % = ATTÉNUATION ÷ 7,6

Ainsi une bière ayant une densité initiale de 40 ° et une densité finale de 2 ° aura une atténuation de 38 °, soit 40 ° moins 2 °, et une teneur en alcool de 5 %, soit 38 divisé par 7,6.

Le tableau 5.3 ci-après donne le lien entre l'atténuation et la teneur en alcool exprimée en pourcentage.

La précision de cette méthode de mesure de la teneur en alcool n'est pas affectée par la présence de matières non fermentescibles. Leur contribution à la densité, étant la même au début et en fin de fermentation, s'annule lorsqu'on soustrait la densité initiale de la densité finale.

En pratique, la densité finale est mesurée à la fin de la fermentation secondaire, avant l'embouteillage ; l'atténuation calculée à ce moment ne tient pas compte de la faible quantité de sucre ajouté à l'embouteillage. Si on suit les instructions données dans ce livre pour l'embouteillage, la quantité de sucre ajouté augmente la densité de 4 ou 5 °, ce qui correspond à environ 0,5 % d'alcool.

TABLEAU 5.3

Atténuation et teneur en alcool

Atténuation	Atténuation en degrés	Teneur en alcool
0,000	0°	0 %
0,005	5°	0,6%
0,010	10°	1,3%
0,015	15°	2,0%
0,020	20°	2,6%
0,025	25°	3,3%
0,030	30°	4,0%
0,035	35°	4,6%
0,040	40°	5,3%
0,045	45°	5,9%
0,050	50°	6,6%

6. LA SIGNIFICATION DE LA DENSITÉ FINALE

La densité d'un mélange contenant environ 95 % d'eau et 5 % d'alcool en volume est d'environ 0,993. La densité de l'eau étant 1,000 et la densité de l'alcool étant 0,794, la présence de l'alcool contribue à diminuer la densité du mélange en bas de 1,000. Cependant, aucune bière digne de ce nom, contenant 5 % d'alcool, n'atteindra jamais une densité si basse. La différence entre la densité d'une bière à 5 % d'alcool et la densité d'une «eau» à 5 % d'alcool est due surtout à la présence de substances non fermentescibles provenant de l'extrait de malt, du malt ou des succédanés du malt. Le sucre blanc est fermentescible à près de 100 % et ne contribue pas à l'apport de substances non fermentescibles.

La densité finale peut nous permettre de tirer des conclusions intéressantes sur les propriétés organoleptiques de la bière fabriquée. De la présence de matières non fermentescibles dans la bière, découlent certaines qualités comme le «corps», le «moelleux» ou la «bouche» de la bière. S'il y a trop de matières non fermentées, la bière sera épaisse ou sirupeuse; s'il en manque, elle sera mince ou aqueuse.

Connaissant la densité initiale en degré et la densité finale en degré, on peut calculer l'atténuation:

ATTÉNUATION = DENSITÉ INITIALE — DENSITÉ FINALE

Connaissant l'atténuation, on peut en divisant par 7,6 calculer la teneur en alcool:

TENEUR EN ALCOOL = ATTÉNUATION ÷ 7,6

Une fois la teneur en alcool connue, on peut à l'aide de la table suivante, déterminer quelle serait la densité d'un mélange eau-alcool équivalent, c'est-à-dire ayant la même teneur en alcool.

La différence entre la densité finale de la bière et la densité de ce mélange eau-alcool équivalent est due à la présence de matières non fermentées dans la bière. Cette différence est un bon indice pour

Densité d'un mélange eau-alcool

Teneur en alcool	Densité
3%	0,995
4%	0,994
5%	0,993
6%	0,992
7%	0,990

PRÉSENCE DE MATIÈRES NON FERMENTÉES

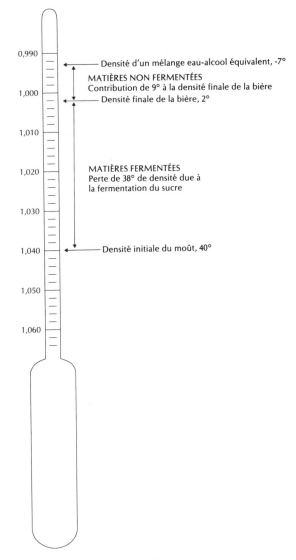

0,990 — Densité d'un mélange eau-alcool équivalent, -7°

MATIÈRES NON FERMENTÉES
Contribution de 9° à la densité finale de la bière

1,000 — Densité finale de la bière, 2°

1,010

1,020

MATIÈRES FERMENTÉES
Perte de 38° de densité due à
la fermentation du sucre

1,030

1,040 — Densité initiale du moût, 40°

1,050

1,060

déterminer la quantité de matières non fermentées de la bière obtenue. Le dessin précédent illustre le cas d'un moût de densité initiale 1,040 qui a fermenté jusqu'à ce qu'il atteigne une densité finale de 1,002, donc une bière à 5 % d'alcool environ. Or, un mélange eau-alcool contenant 5 % d'alcool a une densité de 0,993. Dans ce cas, les matières non fermentées apportent donc une contribution de 9 ° à la densité finale de la bière.

7. LA FORCE D'UNE BIÈRE

Les expressions légère, moyenne ou forte sont souvent employées pour qualifier les bières. À l'origine ces expressions ne se rapportaient pas à la teneur en alcool, mais en réalité, elles référaient à la densité initiale du moût qui était fermenté pour produire la bière. Évidemment, une bière dont la densité initiale est élevée est susceptible de contenir plus d'alcool une fois fermentée, mais ce n'est pas toujours le cas ; cela dépend des proportions de matières fermentescibles et de matières non fermentescibles. À titre indicatif, les bières peuvent être classifiées de la façon suivante, selon leur densité :

- légère : densité initiale inférieure à 1,035 ;
- moyenne : densité initiale entre 1,035 et 1,045 ;
- forte : densité initiale entre 1,045 et 1,055 ;
- très forte : densité initiale supérieure à 1,055.

Lorsque, dans ce livre, on parle de la force d'une bière, on ne se réfère pas à sa teneur en alcool mais à sa densité initiale. Pour fins de correspondance, on peut dire qu'une bière légère aura une teneur en alcool de 4 % ou moins, une bière moyenne, une teneur de 5 % environ et une bière forte, une teneur de 6 % et plus.

À l'origine, les brasseurs ne possédaient pas, comme aujourd'hui, l'équipement de laboratoire leur permettant de mesurer directement la teneur en alcool d'une bière ; ils s'en tenaient donc à la mesure de la densité initiale. Une façon simple consistait à peser d'abord un tonneau rempli de moût, et ensuite le même tonneau rempli d'eau ; la différence de poids correspondait à la quantité totale de matières en solution (fermentescibles et non fermentescibles) dans le moût. Si la première pesée donnait 100 kilogrammes et la deuxième 112 kilogrammes, ceci pour un baril de 100 litres, le contenu en matière solide était de 12 kilogrammes pour 100 litres ou 12 %. Ceci correspond (voir tableau 5.2) à une densité initiale de 1,045.

VI

RECETTES À PARTIR
D'EXTRAIT DE MALT

Les recettes de ce chapitre sont des recettes types. Plutôt que de donner une multitude de recettes, on y donne des recettes types que l'amateur pourra modifier en variant un ingrédient à la fois, de façon à voir l'effet que cet ingrédient a sur le goût de la bière. On indique donc à chaque recette des modifications possibles.

Les méthodes de brassage varient selon les recettes. Cependant, la conduite de la fermentation et l'embouteillage se font toujours de la même façon, c'est pourquoi les instructions pour ces deux opérations ne sont données qu'une seule fois à la fin de ce chapitre.

Pour chaque recette, on donne la densité initiale, la densité finale approximative, l'atténuation et la teneur en alcool. La teneur en alcool tient compte du sucre ajouté à l'embouteillage.

Les mesures données sont des mesures rases. On doit se servir de cuillers et d'une tasse à mesurer.

Pour des quantités de moins de 125 millilitres (1/2 tasse), la tasse à mesurer n'est pas assez précise, utilisez des cuillers à mesurer.

1. RECETTE TYPE Nº 1

Bière d'extrait de malt houblonné

Cette recette offre l'avantage de la simplicité. La bière obtenue, sans être la meilleure qui soit, sera quand même de bonne qualité. C'est la recette traditionnelle pour débutant. Le brassage est très simplifié, mais les procédures à suivre pour la fermentation et l'embouteillage sont identiques à celles des autres recettes.

L'extrait de malt utilisé ici doit nécessairement être houblonné, car c'est la seule source de houblon. Utilisez un extrait de malt de couleur pâle ou très pâle. La recette est donnée pour une boîte d'extrait de malt de 1,5 kilogramme (3,3 livres); si on utilise une boîte de 1,1 kilogramme (2,5 livres), la bière sera plus mince (pratique à éviter).

INGRÉDIENTS

- Extrait de malt houblonné   1,5 kg   3,3 lb
- Eau   5 l   1 gal
- Sucre   500 ml   2 tasses
- Eau   15 l   3 gal
- Levure à bière   1 sachet
- Gélatine   2,5 ml   1/2 c. à thé
- Sucre (à l'embouteillage)   175 ml   3/4 de tasse

Densité initiale :	1,032
Densité finale :	1,004
Atténuation :	28°
Teneur en alcool :	4%

BRASSAGE

1° Faire bouillir au moins 5 litres (1 gallon) d'eau.

2° Ajouter l'extrait de malt et le sucre; brasser tout en versant l'extrait de malt, afin d'éviter qu'il ne colle au fond.

3° Faire bouillir durant 15 minutes. Garder à proximité une tasse d'eau très froide, au cas où le moût déborderait au cours de l'ébullition; en rajoutant l'eau froide, l'écume baissera immédiatement.

4° Verser dans le seau qui servira à la fermentation principale.

5° Ajouter de l'eau froide pour compléter jusqu'à 20 litres (4,4 gallons).

6° Recouvrir le contenant d'une feuille de plastique et laisser refroidir jusqu'à 20 °C (68 °F).

7° Procéder à la fermentation.

FERMENTATION ET EMBOUTEILLAGE

1° Suivre les **Instructions pour la conduite de la fermentation** à la page 123.

2° Embouteiller la bière lorsque la fermentation secondaire est terminée, c'est-à-dire lorsqu'on ne voit plus de bulles de gaz carbonique monter le long de la cruche. À ce moment la densité devrait être d'environ 1,004, soit la densité finale prévue.

3° Suivre les **Instructions pour l'embouteillage** à la page 126.

2. RECETTE TYPE N° 2

Bière d'extrait de malt houblonné améliorée

Cette recette est une version améliorée de la précédente; on ajoute du houblon aromatique à l'extrait de malt houblonné pour accentuer l'arôme et la saveur de houblon de la bière. Utiliser des variétés aromatiques peu amères comme le Saaz, le Fuggles, le Golding ou le Cascade.

L'extrait de malt utilisé doit être houblonné, car la quantité de houblon aromatique ajoutée est faible, soit 15 grammes (1/2 once). La recette est donnée pour une boîte de 1,5 kilogramme (3,3 livres); si on utilise une boîte de 1,1 kilogramme (2,5 livres), la bière sera plus mince (pratique à éviter).

On peut utiliser du houblon en granules plutôt que du houblon séché ou pressé; utiliser alors 10 grammes de houblon au lieu de 15 grammes.

INGRÉDIENTS

- Extrait de malt houblonné 1,5 kg   3,3 lb
- Eau   10 l   2 gal
- Sucre   500 ml   2 tasses
- Houblon aromatique   15 g   1/2 oz
- Eau   10 l   2 gal
- Levure à bière   1 sachet
- Gélatine   2,5 ml   1/2 c. à thé
- Sucre (à l'embouteillage) 175 ml   3/4 de tasse

Densité initiale :	1,032	
Densité finale :	1,004	
Atténuation :	28°	
Teneur en alcool :	4 %	

BRASSAGE

1° Faire bouillir au moins 10 litres (2 gallons) d'eau.

2° Ajouter l'extrait de malt et le sucre; brasser tout en versant l'extrait de malt, afin d'éviter qu'il ne colle au fond.

3° Faire bouillir durant 45 minutes. Garder à proximité une tasse d'eau très froide, au cas où le moût déborderait lors de l'ébullition; en rajoutant de l'eau froide, l'écume baissera immédiatement.

4° Ajouter le houblon aromatique et bouillir encore 10 minutes, pas plus.

5° Laisser refroidir le moût jusqu'à ce qu'il soit tiède. Pour accélérer le refroidissement, placer la marmite dans un évier rempli d'eau froide.

6° Placer une passoire sur le seau qui servira à la fermentation principale et y verser le moût; jeter le houblon épuisé par la cuisson.

Facultatif: Placer un coton à fromage ou une toile de nylon sur la passoire pour assurer une meilleure filtration du trouble grossier ou fin ou pour retenir les fines particules de houblon, si on a utilisé du houblon en granules.

7° Ajouter de l'eau froide pour compléter jusqu'à 20 litres (4,4 gallons).

8° Recouvrir le contenant d'une feuille de plastique et laisser refroidir jusqu'à 20 °C (68 °F).

9° Procéder à la fermentation.

FERMENTATION ET EMBOUTEILLAGE

1° Suivre les **Instructions pour la conduite de la fermentation** à la page 123.

BRASSAGE ARTISANAL DE LA BIÈRE À L'AIDE D'EXTRAIT DE MALT
(Selon la recette type n° 3)

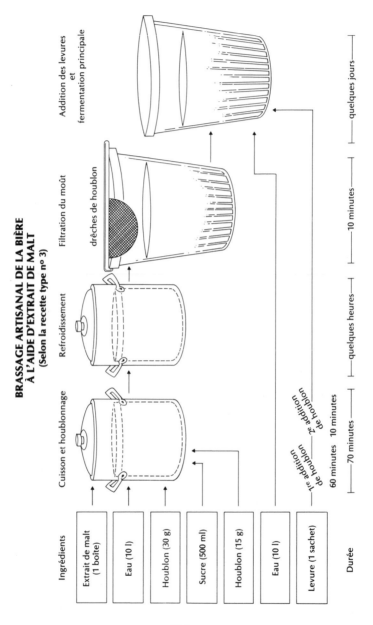

Ingrédients	Cuisson et houblonnage	Refroidissement	Filtration du moût	Addition des levures et fermentation principale
Extrait de malt (1 boîte)				
Eau (10 l)				
Houblon (30 g)				
Sucre (500 ml)				
Houblon (15 g)				
Eau (10 l)				
Levure (1 sachet)				

1re addition de houblon — 60 minutes
2e addition de houblon — 10 minutes

drêches de houblon

| Durée | 70 minutes | quelques heures | 10 minutes | quelques jours |

2° Embouteiller la bière lorsque la fermentation secondaire est terminée, c'est-à-dire lorsqu'on ne voit plus de bulles de gaz carbonique monter le long de la cruche. À ce moment la densité mesurée devrait s'approcher de la densité finale prévue.

3° Suivre les **Instructions pour l'embouteillage** à la page 126.

3. RECETTE TYPE N° 3

Bière légère

Cette bière sera légère et moyennement houblonnée. C'est la bière type faite par les brasseurs amateurs. On peut utiliser un extrait de malt très pâle, pâle ou ambré. Le goût s'apparente à celui d'une bière nord-américaine si on choisit un extrait de malt pour ce type de bière.

Les variétés de houblon recommandées pour cette recette sont les variétés Cascade, Cluster, Hallertau ou Fuggles. Comme houblon aromatique, utilisez les variétés Cascade, Golding ou Saaz. Ces variétés conviennent d'ailleurs, à moins d'indications contraires, pour toutes les recettes qui suivent.

INGRÉDIENTS

• Eau	10 l	2 gal
• Extrait de malt non houblonné	1,5 kg	3,3 lb
• Sucre	500 ml	2 tasses
• Houblon	30 g	1 oz
• Houblon aromatique	15 g	1/2 oz
• Eau	10 l	2 gal
• Levure à bière	1 sachet	
• Gélatine	2,5 ml	1/2 c. à thé

- Sucre (à l'embouteillage)   175 ml   3/4 de tasse

Densité initiale :	1,032
Densité finale :	1,004
Atténuation :	28°
Teneur en alcool :	4 %

BRASSAGE

1° Faire bouillir au moins 10 litres d'eau (2 gallons) dans une marmite.

2° Ajouter l'extrait de malt et le sucre ; brasser tout en versant l'extrait de malt, afin d'éviter qu'il ne colle au fond.

3° Ajouter la première partie du houblon ; s'il s'agit de houblon pressé, séparer les cônes d'abord. Il est préférable de laisser le houblon flotter librement durant l'ébullition ; cependant, on peut le mettre dans un sac en nylon afin de le retirer plus facilement.

4° Faire bouillir 60 minutes. Garder à proximité une tasse d'eau très froide, au cas où le moût déborderait au cours de l'ébullition ; en rajoutant de l'eau froide, l'écume baissera immédiatement.

5° Ajouter la deuxième partie du houblon, le houblon aromatique et bouillir encore 10 minutes, pas plus.

6° Laisser refroidir le moût jusqu'à ce qu'il soit tiède. Pour accélérer le refroidissement, placer la marmite dans un évier rempli d'eau froide.

7° Placer une passoire sur le seau qui servira à la fermentation principale et y verser le moût ; jeter le houblon épuisé par la cuisson.

Facultatif : On peut placer un coton à fromage ou une toile de nylon sur la passoire pour assurer une meilleure filtration du trouble grossier ou fin ou pour retenir les fines particules de houblon, si on a utilisé du houblon en granules.

8° Ajouter de l'eau froide pour obtenir un volume total de 20 litres (4,4 gallons).

9° Laisser refroidir jusqu'à 20 °C (68 °F).

10° Procéder à la fermentation.

FERMENTATION ET EMBOUTEILLAGE

Suivre les **Instructions pour la conduite de la fermentation** et les **Instructions pour l'embouteillage** aux pages 123 et 126.

4. RECETTE TYPE N° 4

Ale canadienne

Utiliser un extrait de malt très pâle ou pâle selon la couleur désirée. L'extrait de malt non houblonné utilisé dans cette recette peut être remplacé par un extrait houblonné; supprimer alors la première addition de houblon. Noter que la quantité d'extrait de malt utilisée est plus grande que dans les recettes types nos 1, 2 et 3. Cette recette exige 2,2 kilogrammes (5 livres) d'extrait de malt, soit 2 boîtes de 1,1 kilogramme (2,5 livres); elle aura beaucoup de bouche et une saveur de malt prononcée.

Quant au houblon, choisir des variétés européennes comme les Golding, Hallertau ou Saaz, ou des variétés nord-américaines comme les Cascade ou Cluster. Comme houblon aromatique, utiliser les variétés Cascade, Hallertau, Golding ou Fuggles.

INGRÉDIENTS

• Eau	10 l	2 gal
• Extrait de malt non houblonné	2,2 kg	5 lb
• Sucre	250 ml	1 tasse
• Houblon	30 g	1 oz
• Houblon aromatique	15 g	1/2 oz
• Eau	10 l	2 gal
• Levure à ale	1 sachet	
• Gélatine	2,5 ml	1/2 c. à thé
• Sucre (à l'embouteillage)	175 ml	3/4 de tasse

Densité initiale :	1,038
Densité finale :	1,008
Atténuation :	30 °
Teneur en alcool :	4,5 %

MÉTHODE (extrait de malt non houblonné)

Suivre les instructions données à la recette type n⁰ 3.

MÉTHODE (extrait de malt houblonné)

L'extrait de malt utilisé dans cette recette peut être remplacé par un extrait houblonné ; supprimer alors la première addition de houblon, mais ajouter quand même du houblon aromatique et suivre les instructions données à la recette type n⁰ 2.

5. RECETTE TYPE N⁰ 5

Ale ambrée

L'addition de malt caramélisé et de gypse à cette bière lui confère une saveur typiquement anglaise. Si on aime le goût que le malt caramélisé donne à cette bière, on utilise 500 millilitres (2 tasses) au lieu de 250 millilitres (1 tasse). L'extrait de malt utilisé peut être pâle ou ambré. Même si on utilise un extrait pâle, la bière aura une teinte ambrée due au malt caramélisé.

Utiliser du houblon assez amer comme le Bullion, le Brewer's Gold ou le Northern Brewer et, comme houblon aromatique, du Fuggles ou des Golding (East Kent Golding ou Styrian Golding).

INGRÉDIENTS

• Malt caramélisé	250 ml	1 tasse
• Eau	10 l	2 gal
• Extrait de malt non houblonné	1,5 kg	3,3 lb
• Sucre	500 ml	2 tasses
• Gypse	2,5 ml	1/2 c. à thé
• Houblon	30 g	1 oz
• Houblon aromatique	15 g	1/2 oz
• Eau	10 l	2 gal
• Levure à ale	1 sachet	
• Gélatine	2,5 ml	1/2 c. à thé
• Sucre (à l'embouteillage)	175 ml	3/4 de tasse

Densité initiale :	1,034
Densité finale :	1,004
Atténuation :	30 °
Teneur en alcool :	4,5 %

MÉTHODE

1° Concasser le malt caramélisé en utilisant un moulin à grain ou un moulin à café.

2° Faire bouillir le malt caramélisé dans 10 litres (2 gallons) d'eau durant 15 minutes.

3° Couler l'infusion obtenue à travers une passoire et jeter les enveloppes de grain de malt caramélisé accumulées dans la passoire.

4° Ajouter l'extrait de malt, le sucre et le gypse à l'infusion obtenue.

5° Suivre les instructions données à la recette type n° 3 à partir de l'étape 3.

6. RECETTE TYPE N° 6

Lager américaine

Pour la recette suivante, utiliser un extrait de malt très pâle ou pâle selon la couleur désirée. L'extrait de malt utilisé, qui est non houblonné, peut être remplacé par un extrait houblonné; supprimer alors la première addition de houblon.

L'addition de malto-dextrine à cette recette donne une bière plus moelleuse dont la densité finale est plus élevée. Plutôt que d'ajouter de la malto-dextrine, on peut ajouter du lactose, l'effet sur la densité finale sera sensiblement le même mais la saveur sera différente.

Quant au houblon, choisir de préférence des variétés typiquement américaines comme les Cascade ou Cluster ou des variétés européennes continentales comme les Hallertau ou Saaz. Ces variétés peu amères conviennent bien au palais léger des lagers nord-américaines. Un arôme marqué de houblon n'étant pas une caractéristique des lagers nord-américaines, on n'ajoute pas de houblon aromatique à cette recette.

INGRÉDIENTS

• Eau	10 l	2 gal
• Extrait de malt non houblonné	1,5 kg	3,3 lb
• Malto-dextrine	250 ml	1 tasse
• Sucre	500 ml	2 tasses
• Houblon	30 g	1 oz
• Eau	10 l	2 gal
• Levure à bière	1 sachet	
• Gélatine	2,5 ml	1/2 c. à thé
• Sucre (à l'embouteillage)	175 ml	3/4 de tasse

Densité initiale :	1,036
Densité finale :	1,006
Atténuation :	30 °
Teneur en alcool :	4,5 %

MÉTHODE

1° Suivre les instructions données à la recette type n° 3.

2° Ajouter la malto-dextrine à la fin de l'ébullition du moût, à l'étape 4.

3° Sauter l'étape 5 car aucune addition de houblon aromatique n'est prévue.

7. RECETTE TYPE N° 7

Ale forte

Cette bière est faite avec 2,2 kilogrammes (5 livres) d'extrait de malt, soit 2 boîtes de 1,1 kilogramme (2,5 livres) ; elle aura beaucoup de bouche et une saveur de malt prononcée.

La densité initiale élevée est une conséquence de l'utilisation d'une grande quantité d'extrait de malt et de sucre. L'extrait utilisé peut être très pâle, pâle ou même ambré, mais noter que la bière sera plus foncée, car on en utilise plus. On peut aussi ajouter du malt caramélisé à cette recette.

Utiliser du houblon assez amer comme le Bullion, le Brewer's Gold ou le Northern Brewer et, comme houblon aromatique, du Fuggles.

INGRÉDIENTS

• Eau	10 l	2 gal
• Extrait de malt non houblonné	2,2 kg	5 lb
• Sucre	750 ml	3 tasses
• Houblon	45 g	1,5 oz
• Houblon aromatique	15 g	1/2 oz
• Eau	10 l	2 gal
• Levure à ale	1 sachet	
• Gélatine	2,5 ml	1/2 c. à thé
• Sucre (à l'embouteillage)	175 ml	3/4 de tasse

Densité initiale :	1,045
Densité finale :	1,008
Atténuation :	37°
Teneur en alcool :	5,5 %

MÉTHODE

Suivre les instructions données à la recette type n⁰ 3 pour le brassage, la fermentation et l'embouteillage.

MÉTHODE (avec malt caramélisé)

On peut ajouter 250 millilitres (1 tasse) ou 500 millilitres (2 tasses) de malt caramélisé à cette recette ; suivre alors les instructions de la recette type n⁰ 5.

8. RECETTE TYPE N° 8

Lager allemande

Cette recette n'utilise pas de sucre et fait appel à une grande quantité d'extrait de malt ; la bière aura donc un goût de malt plus prononcé. En Allemagne, la bière doit être brassée exclusivement à partir de malt, d'eau et de houblon ; l'addition de sucre est interdite par la loi. Les partisans inconditionnels du Reinheitsgebot, nom de cette vieille loi bavaroise, pourront même remplacer le sucre à l'embouteillage par de l'extrait de malt en poudre, s'ils le désirent. La quantité à ajouter est la même.

La recette fait appel à 2 boîtes d'extrait de malt houblonné de 1,5 kilogramme (3,3 livres) chacune. On peut aussi utiliser 2 boîtes de 1,1 kilogramme (2,5 livres). L'extrait de malt peut être très pâle ou pâle selon la couleur désirée. L'extrait de malt non houblonné utilisé peut être remplacé par un extrait houblonné ; supprimer alors la première addition de houblon, mais ajouter quand même du houblon aromatique. Quant aux variétés, choisir de préférence des variétés européennes continentales comme le Hallertau ou le Saaz.

INGRÉDIENTS

• Eau	10 l	2 gal
• Extrait de malt non houblonné	3 kg	6,6 lb
• Houblon	60 g	2 oz
• Houblon aromatique	15 g	1/2 oz
• Eau	10 l	2 gal
• Levure à lager	1 sachet	
• Gélatine	2,5 ml	1/2 c. à thé
• Sucre (à l'embouteillage)	175 ml	3/4 de tasse

Densité initiale :	1,044
Densité finale :	1,012
Atténuation :	32 °
Teneur en alcool :	4,7 %

MÉTHODE (extrait de malt non houblonné)

Suivre les instructions données à la recette type n⁰ 3.

MÉTHODE (extrait de malt houblonné)

L'extrait de malt utilisé dans cette recette peut être remplacé par un extrait houblonné ; supprimer alors la première addition de houblon, mais ajouter quand même du houblon aromatique et suivre les instructions données à la recette type n⁰ 2.

Pour obtenir une bière moins amère, utiliser une boîte d'extrait houblonné et une boîte d'extrait non houblonné.

9. RECETTE TYPE N⁰ 9

Pilsener

Cette bière est brassée à partir d'un extrait de malt en poudre ; rappelons que ces extraits ne contiennent pas d'eau et que 1,5 kilogramme (3,3 livres) d'un extrait en poudre équivaut à 2 kilogrammes (4,4 livres) d'extrait en sirop. En tenir compte si on substitue un extrait non houblonné en sirop à l'extrait de malt en poudre utilisé ici. Pour une saveur de malt plus prononcée, remplacer les deux tasses de sucre par de l'extrait de malt en poudre ou par 1 tasse d'extrait de malt en poudre et 1 tasse de malto-dextrine.

La quantité de houblon est assez élevée; les pilseners sont des bières bien houblonnées. Choisir de préférence des variétés européennes continentales comme le Saaz ou le Hallertau, ou leur substituer des Golding ou du Cascade. Cette bière se prête bien au houblonnage à cru.

INGRÉDIENTS

• Eau	10 l	2 gal
• Extrait de malt en poudre	1,5 kg	3,3 lb
• Sucre	500 ml	2 tasses
• Malt caramélisé (facultatif)	125 ml	1/2 tasse
• Houblon	60 g	2 oz
• Houblon aromatique	15 g	1/2 oz
• Eau	10 l	2 gal
• Levure à lager	1 sachet	
• Gélatine	2,5 ml	1/2 c. à thé
• Sucre (à l'embouteillage)	175 ml	3/4 de tasse

Densité initiale :	1,037
Densité finale :	1,006
Atténuation :	31 °
Teneur en alcool :	4,6 %

MÉTHODE

1° Suivre les instructions données à la recette type n° 3.

2° Si on utilise la méthode de houblonnage à cru, le houblon aromatique, après avoir été ébouillanté dans le moût, y sera mis à tremper durant les trois premiers jours de la fermentation principale.

3° Si on utilise du malt caramélisé, le concasser et l'ajouter à l'étape 2.

10. RECETTE TYPE Nº 10

Stout

Le stout est une bière anglaise noire très houblonnée. Il est préférable d'y avoir déjà goûté avant d'essayer cette recette, car son goût particulier ne laisse personne indifférent, on aime ou on n'aime pas! Ceci évitera de vous retrouver avec 60 bouteilles d'un breuvage que vous n'apprécierez peut-être pas. Le stout doit son goût à l'utilisation d'orge torréfiée ou de malt torréfié; utiliser de préférence l'orge torréfiée. Ces deux ingrédients et les flocons d'orge utilisés dans cette recette sont décrits au chapitre VIII.

La quantité de houblon est très élevée; les stouts sont des bières bien houblonnées. Choisir de préférence des variétés d'origine anglaise très amères.

L'extrait de malt utilisé est un extrait diastasique: il contient des diastases ou enzymes capables de transformer l'amidon, présent dans l'orge non maltée utilisée dans cette recette, en sucre fermentescible par les levures, à condition de maintenir le brassin à une température de 65 °C (150 °F) durant 45 minutes. Ce qui se produit au cours de cette étape, appelée brassage proprement dit, est décrit au chapitre VII.

INGRÉDIENTS

• Eau	10 l	2 gal
• Extrait de malt diastasique	1,8 kg	4 lb
• Flocons d'orge	250 g	1/2 lb
• Orge torréfiée	350 g	3/4 lb
• Eau	2 l	8 tasses
• Houblon	90 g	3 oz
• Cassonade	500 ml	2 tasses
• Eau	8 l	2 gal

120

- Levure à ale   1 sachet
- Sucre (à l'embouteillage)   125 ml   1/2 tasse

Densité initiale :	1,045	
Densité finale :	1,014	
Atténuation :	31 °	
Teneur en alcool :	4,6 %	

BRASSAGE

1° Concasser l'orge torréfiée en utilisant un moulin à grain ou un moulin à café.

2° Faire chauffer 10 litres (2 gallons) d'eau à une température de 65 °C (149 °F), pas plus.

3° Ajouter l'extrait de malt diastasique, les flocons d'orge et l'orge torréfiée. Brasser pour bien mélanger et éviter que le mélange ne colle au fond.

4° Maintenir le brassin à des températures variant entre 65 °C (149 °F) et 68 °C (155 °F), pas plus, durant 45 minutes.

5° Amener ensuite à ébullition et cesser de chauffer.

6° Filtrer le moût à travers une passoire.

7° Verser 2 litres (8 tasses) d'eau sur les enveloppes de grain accumulées dans la passoire afin d'en extraire tout le moût. Jeter les enveloppes de grain.

8° Ajouter le houblon et la cassonade et faire bouillir 60 minutes. Garder à proximité une tasse d'eau très froide, au cas où le moût déborderait au cours de l'ébullition ; en y rajoutant de l'eau froide, l'écume baissera immédiatement.

9° Laisser refroidir le moût jusqu'à ce qu'il soit tiède. Pour accélérer le refroidissement, placer la marmite dans un évier rempli d'eau froide.

10° Filtrer le moût à travers une passoire et jeter le houblon épuisé par la cuisson.

Les substituts courants

Ingrédient	Substitut
1 tasse de sucre de canne	1,25 tasse de sucre de maïs
	1 tasse de lactose
	1,25 tasse de cassonade
	1 tasse de malto-dextrine
	1,25 tasse de miel
	1 tasse d'extrait de malt en poudre
1 tasse d'extrait de malt non houblonné en sirop	3/4 de tasse d'extrait de malt en poudre
1 kilogramme d'extrait de malt houblonné en sirop	1 kilogramme d'extrait de malt non houblonné en sirop et 30 grammes de houblon séché
	0,8 kilogramme d'extrait de malt en poudre et 30 grammes de houblon séché
1 gramme de houblon séché	3/4 de gramme de houblon en granules
	1 gramme de houblon pressé

Facultatif: On peut placer un coton à fromage ou une toile de nylon sur la passoire pour assurer une meilleure filtration du trouble grossier ou fin.

11° Ajouter de l'eau froide pour obtenir un volume total de 20 litres (4,4 gallons).

12° Laisser refroidir jusqu'à 20 °C (68 °F) et procéder à la fermentation.

FERMENTATION ET EMBOUTEILLAGE

Suivre les **Instructions pour la conduite de la fermentation** et les **Instructions pour l'embouteillage** aux pages 123 et 126.

11. MODIFICATION DES RECETTES

Le tableau ci-contre donne des substituts pour divers ingrédients et les quantités à utiliser lorsqu'on procède à de telles substitutions afin de maintenir l'équilibre de la recette.

Ces substitutions d'ingrédients peuvent changer le caractère de la bière et avant de procéder à de telles substitutions, il est bon de relire le chapitre sur les ingrédients.

Noter qu'à l'embouteillage, la malto-dextrine et le lactose ne peuvent remplacer le sucre de canne; non fermentescibles, ils ne peuvent rendre la bière pétillante. Si on utilise du miel, se rappeler qu'il doit nécessairement être bouilli pour le rendre stérile.

12. INSTRUCTIONS POUR LA CONDUITE DE LA FERMENTATION

Méthode à suivre

1° Après le brassage, lorsque le moût est refroidi à 20 °C (68 °F), ajouter la levure sèche ou le levain, si on en a préparé un à l'avance.

Une température un peu plus élevée que celle mentionnée est acceptable lors de l'addition de la levure, mais elle ne devrait pas dépasser 25 °C (77 °F).

2° Mesurer et noter la densité initiale du moût.

Facultatif: Si le moût a une densité initiale trop basse, on peut corriger par addition de sucre ou d'extrait de malt en poudre; si le moût a une densité trop élevée, ajouter de l'eau. L'addition de 250 millilitres (1 tasse) de sucre à 20 litres (4,4 gallons) de moût augmentera la densité du moût d'environ 5 ° et la teneur en alcool de la bière d'un demi pour cent.

3° Couvrir le seau en plastique utilisé pour la fermentation principale d'une feuille de plastique; bien l'attacher pour empêcher toute source d'infection d'y pénétrer.

4° Garder à une température d'environ 20 °C (68 °F). Pour de meilleurs résultats, lorsque la fermentation principale est bien amorcée, habituellement après 24 heures, maintenir la température entre 15 et 20 °C (60 et 68 °F).

5° La fermentation principale devrait débuter en moins de 24 heures; une fine mousse apparaîtra d'abord et deviendra de plus en plus abondante jusqu'à atteindre 7 centimètres (3 pouces) d'épaisseur.

6° *Facultatif*: écumer les amers, la fine pellicule brunâtre qui se forme à la surface du moût, sans toutefois enlever toute la mousse.

7° Après 3 ou 4 jours (ou lorsque la densité atteint 1,010), soutirer dans la cruche utilisée pour la fermentation secondaire. Remplir la cruche complètement; ajouter de l'eau si nécessaire.

Lors du soutirage, faire attention de ne pas remuer le dépôt de lie au fond du récipient.

Si la bière est fermentée à basse température, la fermentation principale pourra durer plus longtemps.

8° Installer une soupape de fermentation (bonde aseptique) sur la cruche et la remplir avec une solution de métabisulfite.

9° Laisser fermenter environ 2 à 3 semaines.

10° *Facultatif*: lorsque la fermentation diminue, après 2 semaines environ, soutirer une tasse de bière, y dissoudre 2,5 millilitres (1/2 c. à thé) de gélatine et l'ajouter au reste de la bière.

11° À la fin des 2 ou 3 semaines, lorsque la fermentation secondaire est terminée, c'est-à-dire lorsqu'on ne voit plus monter de bulles de gaz carbonique le long de la cruche, embouteiller la bière en suivant les **Instructions pour l'embouteillage** à la page 126.

N.B. Lorsque la densité n'a pas varié durant 3 jours, on peut considérer que la bière est prête à être embouteillée, même si parfois il peut se former encore quelques rares bulles de gaz carbonique.

12° Avant d'embouteiller, mesurer et noter la densité de la bière; à ce moment, elle devrait avoir atteint sa densité finale.

Notes sur la fermentation des lagers

En plus d'utiliser une levure spéciale pour lager, les bières de ce type doivent subir une fermentation à basse température; ce sont là deux conditions essentielles. Si on utilise une levure à lager mais que la bière est fermentée à haute température, 20 °C (68 °F), la bière obtenue sera plutôt du type ale. Les effets de la température sont exposés plus en détail au chapitre VII.

Il est préférable d'ajouter les levures au moût lorsque la température est à 20 °C (68 °F) et de ne réduire la température que lorsque la fermentation principale est bien amorcée, afin de diminuer la durée de la période de latence précédant le début de la fermentation principale, période où le moût est plus susceptible d'être contaminé par les bactéries.

Les instructions pour la conduite de la fermentation sont les mêmes, mais les températures doivent être en bas de 15 °C (60 °F) en tout temps. Cependant, si la température descend en bas de 10 °C (50 °F), ce qui est souhaitable, les levures peuvent avoir de la difficulté à faire fermenter le moût, s'il ne s'agit pas de véritables levures à lager.

Certains brasseurs amateurs font fermenter leur lager dans un réfrigérateur qu'ils n'utilisent qu'à cette fin, mais il est possible de brasser une bonne lager sans cela.

13. INSTRUCTIONS POUR L'EMBOUTEILLAGE

Méthode à suivre

1° Dissoudre 175 millilitres (3/4 de tasse) de sucre dans un peu d'eau. Cette quantité est calculée pour une recette de 20 litres (4,4 gallons).

2° Verser dans le contenant ouvert qui a servi à la fermentation principale.

3° Soutirer la bière dans ce contenant.

4° Brasser doucement pour bien dissoudre le sucre tout en évitant d'agiter le liquide trop fortement et d'aérer la bière.

5° Facultatif: Mesurer la densité après l'addition de sucre, elle devrait avoir augmenté d'environ 4 °.

6° Soutirer la bière dans les bouteilles; les remplir jusqu'à 4 centimètres (1,5 pouce) du bord et capsuler.

7° Garder deux semaines à la température de la pièce, 20 °C (68 °F), pour favoriser une reprise de la fermentation.

8° Ouvrir une bouteille; la bière devrait être pétillante à ce moment.

9° Une fois la gazéification assurée, garder la bière un ou deux mois au frais, 5 à 10 °C (40 à 50 °F) si possible. La bière vieillira mieux à basse température.

La quantité de sucre recommandée à l'étape 1 donnera une bière assez pétillante, comme les bières nord-américaines, sans toutefois agresser le palais. Si on veut une bière moins pétillante dans le style des bières européennes ou en fût, utiliser moins de sucre, soit 125 millilitres (1/2 tasse) pour 20 litres (4,4 gallons) de bière.

Avertissements

— N'utiliser que des bouteilles conçues spécialement pour la bière; les autres bouteilles ne sont pas conçues pour supporter la pression qui se développera lors de la reprise de la fermentation.

— Il est très important que le sucre soit dissous de façon homogène dans la bière, car si une bouteille contient beaucoup plus de sucre qu'une autre, elle risque d'exploser sous l'effet de la pression.

— En aucun cas, on ne devra dépasser 250 millilitres de sucre pour 20 litres de bière, soit 1 tasse pour 4,4 gallons.

Les précautions à prendre

— Lors du soutirage, faire attention de ne pas trop remuer la bière car, à ce stade-ci, elle est très sensible à l'oxydation. Il faut agir de même lorsqu'on brasse pour dissoudre le sucre.

— L'addition de 2,5 millilitres (1/2 c. à thé) de vitamine C (acide ascorbique) à l'étape 1 de l'embouteillage aide à prévenir l'oxydation.

Autre méthode d'embouteillage

1° À l'aide d'une cuiller à mesurer, ajouter 2,5 millilitres (1/2 c. à thé rase) de sucre de canne dans chaque bouteille de 340 millitres (12 onces).

2° Soutirer la bière directement dans les bouteilles; les remplir jusqu'à 4 centimètres (1,5 pouce) du bord.

3° Capsuler.

4° Bien agiter chaque bouteille après le capsulage pour dissoudre le sucre.

5° Après le capsulage, procéder en suivant les étapes 7, 8 et 9 de la méthode précédente.

Si on utilise cette méthode, prendre soin de ne pas ajouter, par mégarde, du sucre deux fois dans la même bouteille, ce qui serait dangereux. Pour cette raison, cette méthode n'est pas recommandée, bien qu'on la rencontre souvent. De plus, il importe d'utiliser une cuiller à mesurer et non une cuiller quelconque.

VII

LES PROCESSUS
BIOCHIMIQUES

Il est possible de fabriquer une excellente bière maison en suivant à la lettre les recettes de ce livre, sans comprendre la raison ou le pourquoi des instructions qui y sont données. En ce sens, la lecture de ce chapitre est facultative; on y explique les processus biochimiques et biologiques impliqués lors de la fabrication de la bière. Cependant, la compréhension de ces phénomènes peut, en plus d'être intéressante, aider l'amateur à améliorer la qualité de la bière obtenue.

Le but du présent chapitre est de résumer de façon simple les processus biochimiques et biologiques impliqués lors de la fabrication de la bière et plus particulièrement lors du brassage. Les grandes étapes sont toujours les mêmes :

- le maltage ou la production d'enzymes ;
- le brassage ou la production de sucre ;
- la fermentation ou la production d'alcool.

1. LE MALTAGE OU LA PRODUCTION D'ENZYMES

Le but du brassage est d'obtenir un moût sucré qui, fermenté, deviendra de la bière. Or la matière première du brasseur, l'orge, ne contient pas de sucre mais de l'amidon. En effet, le grain d'orge est formé d'une enveloppe protectrice de cellulose sous laquelle se trouve l'endosperme qui constitue une réserve de nourriture pour la future plante. L'endosperme est constitué d'amidon, une substance complexe, elle-même composée de milliers d'unités de base plus simples. Ces unités de base de l'amidon sont des molécules de glucose, un sucre intéressant pour le brasseur parce que fermentescible.

Par analogie, on peut dire que l'amidon se présente sous la forme d'une longue chaîne; les maillons de cette chaîne sont des sucres simples comme le glucose. Les dextrines sont l'équivalent de bouts de chaînes plus petits, mais comprenant tout de même plusieurs maillons. Le tableau ci-après donne une classification sommaire susceptible d'illustrer ce qui précède.

Comme l'amidon de l'orge n'est pas sous la bonne forme, on devra le décomposer en unités plus simples. Pour ce faire, on utilise un processus naturel, la germination. En fait, le grain d'orge qui vient d'être semé a le même problème que le brasseur : transformer ses réserves d'amidon en sucres plus simples pour nourrir l'embryon de la plante naissante. Pour y arriver, le grain d'orge produit, lors de la germination, certains enzymes capables de scinder les grosses molécules d'amidon en petites molécules de sucre.

Le brasseur utilise ce processus naturel lors du maltage qui est en fait une germination contrôlée dont le but est la production de diverses enzymes qui pourront transformer l'amidon lors du brassage et

Les sucres ou glucides

I. *Sucres très simples (fermentescibles)*

GLUCOSE: glucide très simple formé d'une seule molécule.

FRUCTOSE: glucide très simple formé d'une seule molécule.

II. *Sucres simples (fermentescibles)*

MALTOSE: glucide simple formé de deux molécules de glucose.

SACCHAROSE: glucide simple formé d'une molécule de glucose et d'une molécule de fructose.

III. *Sucres complexes (non fermentescibles)*

DEXTRINE: glucide complexe formé de longues chaînes de molécules de glucose (ces chaînes sont plus petites que celles de l'amidon cependant).

IV. *Sucres très complexes (non fermentescibles)*

AMIDON: glucide très complexe formé de très longues chaînes de molécules de glucose.

---

transformer aussi certaines protéines contenues dans le grain d'orge. En effet, l'endosperme contient aussi des protéines, en plus de l'amidon. La quantité de protéines, bien que faible, est suffisante pour que le brasseur doive en tenir compte.

Le maltage est donc une phase préliminaire ; on y développe des outils qui seront utilisés au brassage. Ces outils ou enzymes sont l'α amylase (prononcé alpha amylase), la β amylase (prononcé bêta amylase) et la protéinase. En fait, il y en a plusieurs autres mais

LES GLUCIDES

I. GLUCIDES TRÈS SIMPLES (une molécule)

Glucose:

Fructose:

II. GLUCIDES SIMPLES (deux molécules)

Maltose:

Saccharose:

III. GLUCIDES COMPLEXES (une chaîne de molécules)

Dextrine:

IV. GLUCIDES TRÈS COMPLEXES (un amas de molécules)

Amidon:

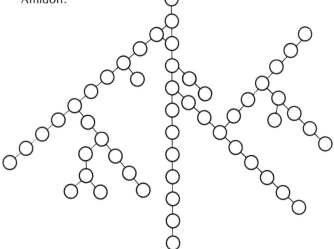

132

ce sont là les plus importants. Les deux amylases serviront à scinder l'amidon et la protéinase à scinder les protéines.

2. LE BRASSAGE OU LA PRODUCTION DE SUCRE

Lors du brassage proprement dit, c'est-à-dire la partie du brassage où on maintient à des températures prédéterminées le brassin obtenu à l'empâtage, le brasseur amateur orchestre, en contrôlant la température, les diverses réactions enzymatiques.

Le rôle de la température

Les deux enzymes les plus importantes pour la dégradation de l'amidon sont l'α amylase et la β amylase. L'α amylase transforme l'amidon en dextrines non fermentescibles qui resteront dans la bière après la fermentation. L'action de cette enzyme est favorisée par des températures supérieures à 65 °C (150 °F). Il est important d'avoir une bonne proportion de dextrines dans la bière si on veut une bière qui a de la bouche. La β amylase pour sa part transforme l'amidon ou les dextrines en sucre (maltose). Elle atteint son maximum d'efficacité à des températures d'environ 60 °C (140 °F).

Lors du maltage, il y a production d'une troisième enzyme, la protéinase, qui ne s'attaque pas à l'amidon mais aux protéines contenues dans l'orge. Son action est similaire à celle de l'amylase en ce sens qu'elle désagrège les protéines qui sont des substances complexes, en composés plus simples, soit des peptides et des acides aminés; ces composés servent de nourriture pour les levures au cours de la fermentation en plus d'affecter la tenue de la mousse. Les protéines ne sont pas toutes dégradées cependant, il en reste une partie dans la bière. Cet équilibre est critique et influence la formation et la tenue de la

L'ACTION DES ENZYMES ET DES LEVURES
ET LEUR INFLUENCE SUR LES PROPRIÉTÉS DE LA BIÈRE

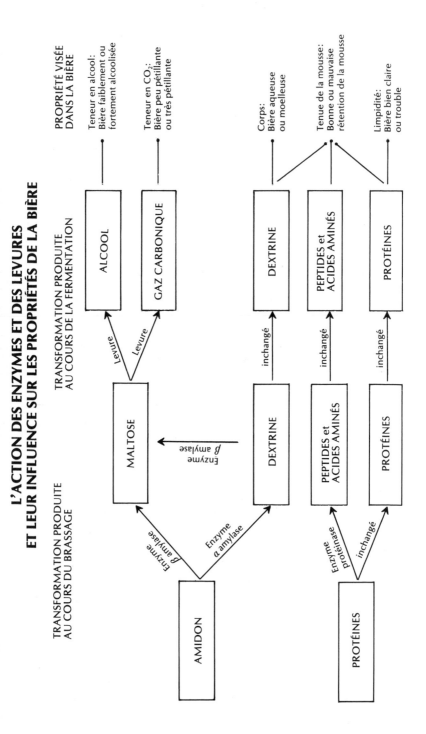

mousse ainsi que la brillance de la bière. Une trop grande quantité de protéines risque de donner une bière trouble.

Le tableau qui suit donne les diverses réactions enzymatiques et les températures où elles sont le plus favorisées.

Entre 45 et 55 °C (113 et 130 °F)	Les protéines sont très actives à ces températures.
Entre 55 et 60 °C (130 à 140 °F)	Début de formation du maltose due à la β amylase.
Entre 60 et 65 °C (140 et 149 °F)	Formation maximum de maltose due à la β amylase.
Entre 65 et 70 °C (150 et 158 °F)	Formation décroissante de maltose. Formation croissante de dextrines due à l'α amylase.
Entre 70 et 75 °C (158 et 167 °F)	Destruction des protéinases. Formation de dextrines.
Entre 75 et 80 °C (167 et 176 °F)	Destruction de la β amylase. Formation de dextrines seulement.

Après avoir consulté ce tableau, il est aisé de comprendre pourquoi, lorsqu'il fait une bière de malt, le brasseur amateur doit maintenir la température du brassin entre 65 et 68 °C. Ceci permet de produire surtout du maltose fermentescible, mais aussi, une proportion moindre de dextrines. Le maltose utilisé par les levures contribuera à la teneur en alcool et les dextrines inchangées lors de la fermentation contribueront à donner du corps à la bière.

Si la température est trop basse, on obtient une bière mince et aqueuse mais alcoolisée. Si la température est trop élevée, la bière sera épaisse, peu alcoolisée et difficile à fermenter.

Si, au lieu de faire un bière de malt, l'amateur décide de faire une bière d'extrait de malt, il utilise un produit où ces transformations ont déjà eu lieu; le travail a déjà été fait par le fabricant d'extrait de malt.

Le rôle de l'acidité

Le brasseur possède une autre façon de contrôler les réactions enzymatiques; en plus d'agir sur la température du brassin, il peut aussi en contrôler l'acidité. En effet, un milieu acide favorise l'action de la β amylase et donne un moût contenant plus de maltose alors qu'un milieu moins acide favorise l'α amylase et donne un moût contenant plus de dextrines. Pour mesurer l'acidité d'un moût, on utilise le pH. (Ce concept est expliqué plus en détail à l'annexe 2.) L'α amylase préfère un pH de 5,6 environ, alors que la β amylase préfère un pH de 4,6 environ. Comme pour la température, un compromis s'impose lors du brassage et le brasseur vise un pH d'environ 5,2 à 5,4.

Ces considérations sur le contrôle des réactions enzymatiques par action sur la température et l'acidité du moût permettent de comprendre la raison d'être des diverses étapes des recettes données dans ce livre.

Les méthodes de brassage

Il existe diverses méthodes de brassage. On peut généralement les classifier en deux catégories: les méthodes par infusion et les méthodes par décoction.

Un exemple typique de brassage par infusion est la méthode anglaise, qui fait appel à un seul palier de température c'est-à-dire que lors de l'empâtage, l'eau est ajoutée pour porter le brassin à une température d'environ 68 °C (155 °F) et on reste à cette température durant une heure. C'est la méthode utilisée pour les bières de type ale.

Un autre exemple est la méthode employée dans les brasseries européennes et nord-américaines. L'empâtage s'effectue à 50 °C (122 °F) ; on demeure à cette température durant 30 minutes pour permettre aux protéinases d'agir puis on augmente la température à 70 °C (158 °F) pour permettre aux amylases d'agir ; c'est la méthode utilisée pour les bières de type lager en Europe et en Amérique.

Les méthodes par décoction sont plus complexes. Après l'empâtage où on a mélangé l'eau et le malt, on prélève une partie du brassin appelée trempe, que l'on porte à ébullition pour ensuite la rajouter au reste du brassin et augmenter d'autant la température de celui-ci. Cette méthode permet ainsi d'atteindre les températures optimales importantes pour l'action des diverses enzymes (environ 50 °C - 65 °C - 75 °C). On distingue des méthodes à une trempe, deux trempes, trois trempes selon le type de bière voulu. Les méthodes par décoction sont pratiquées encore aujourd'hui en Allemagne dans de petites brasseries artisanales.

Les anciens maîtres brasseurs contrôlaient déjà des processus enzymatiques fort complexes et ceci de façon tout à fait empirique et en ce sens, n'avaient pas attendu l'arrivée de la biochimie et de la microbiologie pour s'adonner à la biotechnologie. Historiquement, le brassage de la bière a été à l'origine des premiers travaux de Louis Pasteur qui ont donné naissance à la microbiologie. De la même manière, la biochimie moderne est née lorsque les frères Buchner ont démontré qu'un extrait de levure pouvait faire fermenter une solution de sucre ; en effet, un tel extrait contient les enzymes nécessaires à cette fin.

3. LA FERMENTATION OU LA PRODUCTION D'ALCOOL

La fermentation fait appel à des processus bio-chimiques fort complexes mais, de façon simplifiée, on peut la décrire comme suit : sous l'action des levures, chaque molécule de sucre est transformée en deux molécules d'alcool éthylique et deux molé-cules de gaz carbonique.

$$\boxed{\text{SUCRE}} \longrightarrow \boxed{\text{ALCOOL}} + \boxed{\text{GAZ CARBONIQUE}}$$

Les chimistes décrivent cette transformation par l'équation suivante :

$$\boxed{C_6 H_{12} O_6} \longrightarrow 2 \boxed{C_2 H_5 OH} + 2 \boxed{CO_2}$$

Cette transformation s'accompagne de production de chaleur ; c'est pourquoi la température du moût augmente légèrement durant la fermentation. L'ama-teur qui brasse 20 litres n'a pas à se préoccuper de cette augmentation de température mais pour de grandes quantités de bière, l'élévation de tempéra-ture est suffisante pour obliger les brasseries à refroi-dir les moûts de bière en fermentation.

Les levures

Les levures sont des champignons unicellulaires qui appartiennent au groupe des ascomycètes. Ces champignons se reproduisent par bourgeonnement. Dans un milieu nutritif adéquat, un minuscule bour-geon apparaît sur la cellule-mère ; après une heure, sa croissance est complète et cette nouvelle cellule commence elle-même à émettre des bourgeons, qui au début restent assemblés en grappes mais finissent par se séparer. Une seule cellule qui se dédouble à toutes les heures aura, après 24 heures, des millions de descendants.

Les levures sont à la fois des aérobies et des anaérobies, c'est-à-dire qu'elles peuvent vivre en présence ou en l'absence d'air ou d'oxygène. En présence d'air, les levures respirent et se multiplient rapidement. Cependant, en l'absence d'air, elles transforment le sucre en alcool pour se nourrir.

Durant les 24 premières heures de la fermentation, le moût qui a été agité lors du brassage contient de l'oxygène et fournit aux levures un milieu idéal pour se reproduire. À ce moment, le nombre des cellules augmente rapidement mais la production d'alcool est faible. Le brasseur vise alors à obtenir une quantité suffisante de levures.

Lorsque tout l'oxygène a été consommé, les levures commencent alors à avoir recours au mécanisme de la fermentation alcoolique pour se nourrir, il y a alors production d'alcool et de gaz carbonique en grandes quantités. On prive alors le moût d'oxygène pour accentuer la production d'alcool plutôt que la reproduction des levures.

Comment les levures réussissent-elles à décomposer le sucre en alcool et en gaz carbonique? Elles ont recours à des enzymes. Cependant, la complexité de ces mécanismes est telle que la description n'en est pas donnée ici.

La production d'alcool

En plus de décrire la fermentation d'une façon qualitative, l'équation suivante:

$$C_6H_{12}O_6 \longrightarrow 2\ CO_2 \quad + \quad 2\ C_2H_5OH$$

Sucre　　　　　Gaz carbonique　　Alcool

peut aussi nous fournir de l'information de nature plus quantitative si on fait appel à la notion de poids atomique et moléculaire. Les poids atomiques des trois éléments impliqués dans cette réaction sont:

ÉLÉMENT	SYMBOLE	POIDS ATOMIQUE
Carbone	C	12
Hydrogène	H	1
Oxygène	O	16

Le poids moléculaire est la somme des poids atomiques de chacun des atomes constituant une molécule; le poids moléculaire du sucre $C_6 H_{12} O_6$ sera égal à 180, soit:

$$(6 \times 12) + (12 \times 1) + (6 \times 16) = 180$$

où on a multiplié le poids atomique de chaque atome présent dans la molécule par le nombre d'atomes.

Le poids moléculaire du gaz carbonique CO_2 sera égal à 44, soit:

$$12 + (2 \times 16) = 44$$

Le poids moléculaire de l'alcool $C_2 H_5 OH$ sera égal à 46, soit:

$$(2 \times 12) + (5 \times 1) + 16 + 1 = 46$$

L'équation précédente devient:

$$C_6 H_{12} O_6 \longrightarrow 2\ CO_2 + 2\ C_2 H_5 OH$$
Sucre   Gaz carbonique   Alcool

$$180 \longrightarrow (2 \times 44) + (2 \times 46)$$
$$180 \longrightarrow 88 + 92$$

ce qui signifie que 180 grammes de sucre produiront, après fermentation complète, 88 grammes de gaz carbonique et 92 grammes d'alcool. Approximativement, un gramme de sucre nous donne 0,5 gramme d'alcool et 0,5 gramme de gaz carbonique. Ceci explique qu'au tableau 5.2 le rapport entre la teneur en sucre (colonne 3) et la teneur maximale en alcool (colonne 4) est à peu près de 2.

La production de gaz carbonique

Le gaz carbonique s'échappe au cours de la fermentation et ne se retrouve pas dans la bière, à l'exception de celui qui est produit après l'embouteillage. Si on ajoute à l'embouteillage 2,5 millilitres (1/2 c. à thé) de sucre par bouteille, ce qui équivaut à 2,5 grammes de sucre, il y aura 1,25 gramme de gaz carbonique produit si tout ce sucre est fermenté.

Une telle quantité de gaz carbonique occupe normalement un volume d'environ 1,3 litre à la température de la pièce et à la pression atmosphérique. Or le volume d'une bouteille de bière standard est de 340 millilitres environ. Donc si la bouteille ne contenait que du gaz carbonique et pas de bière, le gaz serait comprimé à un point tel qu'il occuperait un volume quatre fois plus petit que normalement, et la pression dans la bouteille serait quatre fois plus grande que la pression atmosphérique. Ce qui précède est donné à titre d'illustration, car en réalité le phénomène est compliqué par le fait qu'une partie du gaz est en solution dans la bière.

L'effet de la température

L'activité des levures est fortement influencée par la température à laquelle se déroule la fermentation. La vitesse de fermentation croît avec la température, mais le but du brasseur amateur est de faire de la bonne bière et non pas de faire de la bière rapidement. Si les brasseries commerciales dépensent des sommes importantes pour maintenir la bière à basse température durant la fermentation principale, secondaire et la période de maturation, c'est qu'elles savent que la température de fermentation a une influence marquée sur le goût du produit fini.

La bière fermentée à trop haute température aura mauvais goût. Ceci s'explique de la façon suivante. La fermentation est un processus où des réactions bio-chimiques complexes se déroulent; une température plus élevée favorisera certaines réactions chimiques aux dépens de certaines autres et donc la formation de certains composés qui auront une influence sur le goût, aux dépens de certains autres.

Une fermentation conduite à de trop hautes températures a les effets suivants:

• goût de levure dû à l'autolyse (l'autolyse est une décomposition des cellules de levures mortes);

• goût fruité;

• atténuation trop forte, due au fait que tous les composés fermentescibles sont fermentés; on se retrouve alors avec une bière aqueuse et mince qui manque de moelleux;

• risque de contamination bactérienne plus élevé.

Le tableau ci-après donne les températures recommandées lors de la fermentation.

	Levure à ale Fermentation haute	Levure à lager Fermentation basse
Température recommandée	15 °C à 20 °C (59 °F à 68 °F)	10 °C à 15 °C (50 °F à 59 °F)
Température à ne pas dépasser	22 °C (72 °F)	17 °C (60 °F)

La fermentation sera très rapide à 30 °C (86 °F) mais la saveur de la bière en souffrira. Mieux vaut s'en tenir aux températures recommandées ci-haut;

la fermentation sera plus longue mais le goût meilleur. Si la température descend en bas du minimum indiqué, habituellement la fermentation ralentit et risque de s'arrêter complètement. On doit maintenir un juste équilibre.

Pour faire une véritable lager, il faut en plus d'utiliser une levure à lager, faire fermenter la bière à basse température sans quoi le goût ne sera pas celui attendu, bien que la bière puisse tout de même être très bonne. Si on ne dispose pas d'une cave froide ou d'un réfrigérateur supplémentaire qu'on peut utiliser à cette fin, la bière fabriquée s'apparentera aux bières de type ale, fermentées à haute température. Si on ne peut avoir un endroit très frais pour garder la bière durant la fermentation, mieux vaut s'en tenir aux levures à ale ou aux levures tout usage.

Les températures recommandées pour les levures à lager au tableau précédent sont élevées. Si on peut obtenir une levure à lager capable de faire fermenter la bière à des températures inférieures à 10 °C (50 °F), c'est encore mieux.

VIII

LA BIÈRE DE MALT

Il est possible de faire chez soi de la bière à partir de malt, plutôt qu'à partir d'extrait de malt. Le procédé utilisé est plus long et un peu plus complexe, mais il est à la portée de tous. Il va sans dire qu'avant d'essayer de faire de la bière avec du malt, le brasseur devra s'être fait la main auparavant en réalisant quelques recettes à base d'extrait de malt.

Tout ce qui a été dit dans les chapitres précédents concernant la cuisson du moût, le houblonnage, la fermentation et l'embouteillage demeure valable; ce chapitre insiste sur les différences qui existent en ce qui concerne la méthode de brassage.

Pour la fabrication de la bière à partir d'extrait de malt, le brassage proprement dit se résumait à mélanger l'extrait de malt avec de l'eau pour obtenir un moût. Cette étape terminée, on procédait à la cuisson, au houblonnage et à la fermentation.

Pour obtenir un moût à partir de malt en grains, les grains de malt doivent d'abord être broyés (concassage), ensuite on ajoute de l'eau au malt (empâtage) et on chauffe à des températures déterminées durant une certaine période de temps (brassage proprement dit); puis ce mélange d'eau et de malt broyé est filtré (filtration du moût) pour en extraire un moût sucré.

1. LE MALT

Le maltage

L'ingrédient de base de la bière est l'orge. Il en existe deux types, l'orge à deux rangs, cultivée surtout en Angleterre, et l'orge à six rangs cultivée surtout en Amérique. Ces appellations réfèrent à la disposition des grains autour de la tige.

Les orges américaines à six rangs contiennent beaucoup plus de protéines et possèdent plus d'enzymes que l'orge à deux rangs. Le malt obtenu de ces deux variétés d'orges présentera les mêmes caractéristiques qui influenceront les méthodes de brassage.

Lorsqu'un malt contient beaucoup d'amylases (enzymes ou diastases responsables de la conversion de l'amidon), on dit que son pouvoir diastasique est élevé. Le pouvoir diastasique des malts nord-américains est tel qu'ils peuvent transformer non seulement leur propre amidon, mais aussi l'amidon de grains crus (non maltés) ajoutés au brassage dans des proportions allant jusqu'à 25 %.

La germination de l'orge, première étape du maltage, peut être plus ou moins poussée. Lors de la germination, le grain d'orge, dur à l'origine, devient de plus en plus friable, on dit qu'il se désagrège; plus longue est la germination, plus prononcée est la désagrégation.

146

Lors de la germination, les protéines, sous l'action des protéinases se scindent en composés plus simples ; plus la germination est longue, plus cet effet est prononcé, de sorte qu'un malt très désagrégé ne contient presque plus de protéines, alors qu'un malt peu désagrégé en contient encore beaucoup.

Après la germination, l'orge subit une opération appelée touraillage. Au cours de cette opération l'orge est chauffée durant un ou deux jours. Le touraillage comprend deux phases : le séchage et le coup de feu. Lors du séchage, la température est relativement basse mais lors du coup de feu, elle est suffisamment élevée pour colorer le malt. Le touraillage de l'orge est analogue à la torréfaction du café. Selon la température atteinte lors du coup de feu, le malt sera pâle ou foncé.

Les divers types de malt

Le malt peut être pâle ou foncé, mais quelle que soit la recette utilisée, l'ingrédient de base de toute bière est le malt pâle. Souvent employé seul, on lui ajoute parfois d'autres ingrédients, par exemple des céréales ou des malts spéciaux, mais il compte habituellement pour 75 % du poids des ingrédients.

Les caractéristiques du malt pâle peuvent varier quelque peu. Les malts pâles anglais destinés aux ales sont plus désagrégés que les malts nord-américains, mais, à toutes fins utiles, ces deux malts peuvent être utilisés l'un pour l'autre sans difficulté.

Malt pâle de type lager

- malt utilisé pour le brassage des bières blondes de couleur pâle ;

- ingrédient de base pour les lagers mais peut aussi servir pour les ales légères ;

- chauffé très légèrement au touraillage (maximum 85 °C), ce malt est peu coloré;
- appelé aussi malt de type pilsener;
- provient habituellement d'orges à six rangs;
- pouvoir diastasique très élevé;
- peu désagrégé, il est riche en protéines.

Malt pâle de type ale

- utilisé pour le brassage des bières de type ale mais peut servir aussi pour les lagers;
- très désagrégé, il ne contient que peu de protéines;
- provient habituellement d'orges à deux rangs;
- pouvoir diastasique élevé;
- couleur ambrée, un peu plus foncée que le malt pour lager.

Malt foncé

- malt de couleur ambrée et même brune;
- employé avec les bières brunes dans des proportions allant jusqu'à 20 %;
- donne à la bière un arôme et un goût caractéristiques de malt en plus de lui donner une couleur plus foncée;
- appelé aussi malt brun ou malt de type munich;
- pouvoir diastasique faible.

Les malts spéciaux

Les malts spéciaux sont utilisés en petite quantité et ajoutés à la bière brassée à base de malt ou d'extrait de malt, afin de lui conférer un goût particulier.

Ces malts ne contiennent plus d'enzymes, leur pouvoir diastasique est nul.

L'amidon qu'ils contenaient a été transformé lors de la fabrication, on peut donc les utiliser même avec les bières d'extrait de malt, en petite quantité, sans brassage proprement dit, étape où l'amidon est converti en sucre.

Lorsque utilisés avec un extrait de malt, les grains concassés sont :

- soit ajoutés au moût lors de la cuisson ;

- soit mijotés dans 4 litres (1 gallon) d'eau durant 15 minutes ; on coule ensuite à travers une passoire et on ajoute l'infusion obtenue au moût, lors du brassage. Les enveloppes de grain sont jetées.

La dernière méthode a l'avantage d'éviter de faire bouillir trop longtemps l'enveloppe des grains, ce qui risque d'extraire des tanins de ces enveloppes et de communiquer un goût amer à la bière.

Malt caramélisé

- aussi appelé malt caramel ;

- en anglais *crystal malt* ou *caramel malt* ;

- malt spécial ajouté en petite quantité à la bière, 250 à 500 millilitres (1 à 2 tasses) par recette de 20 litres (4,4 gallons), avec les lagers et les ales pâles ; on peut en utiliser plus avec les bières brunes ;

- ce malt a subi une saccharification : l'amidon qu'il contenait a été transformé en sucre fermentescible lors du touraillage ;

- il peut être utilisé directement comme ingrédient avec les extraits de malt ;

- donne du corps et du moelleux à la bière et favorise la formation et la tenue de la mousse ;

- donne une couleur cuivrée à la bière.

Malt torréfié (malt chocolat)

- malt très foncé fortement torréfié ;
- en anglais *chocolate malt* ou *roasted malt* ;
- confère à la bière un arôme de malt ou de grain torréfié ;
- utilisé avec les bières brunes : le porter et le stout ;
- propriétés semblables à celles de l'orge torréfiée.

Orge torréfiée

- pas un malt spécial à proprement parler, puisque ce grain n'a pas été malté ;
- utilisée avec les porters et les stouts de préférence au malt torréfié ;
- aussi utilisée avec les bières brunes ou les ales en petite quantité ;
- propriétés semblables à celles du malt torréfié ;
- en anglais *roasted barley* ;
- couleur riche, d'un brun rouge.

Malt noir

- malt très fortement torréfié, d'où sa couleur ;
- en anglais *black malt* ou *black patent malt* ;
- sert à colorer les bières foncées ;
- donne une saveur sèche et un peu âcre à la bière ; pour cette raison, son emploi est limité au stout et au porter ;
- son utilisation tend à disparaître au profit du malt et de l'orge torréfiés depuis leur apparition sur le marché.

2. LE CONCASSAGE DU MALT

Avant d'être utilisés lors du brassage, les grains de malt doivent d'abord être concassés; cette opération en apparence aisée est assez délicate. Si certains grains ne sont pas broyés, l'amidon qu'ils contiennent ne sera pas libéré lors du brassage et sera perdu. Si la mouture est trop fine et que l'écorce ou l'enveloppe des grains a été réduite en poudre, il sera très difficile de séparer les drêches (enveloppes des grains) du moût dans une étape ultérieure. Le grain doit être écrasé pour libérer l'amidon qu'il contient sans toutefois que l'enveloppe ne soit réduite en poudre.

Les moulins pour moudre les céréales que l'on trouve dans les boutiques spécialisées ou dans les magasins d'aliments naturels conviennent très bien à cet usage. Le moulin acheté doit être ajustable: on doit pouvoir régler l'écartement des broyeurs pour obtenir une mouture de la bonne grosseur.

Malt concassé

151

Moulin utilisé pour le concassage du malt

Les moulins à café peuvent servir à cette fin à condition de pouvoir être réglés pour donner une mouture assez grossière. Cependant leur faible débit est un inconvénient majeur.

Le malt peut aussi être acheté déjà concassé. Certaines boutiques sont aussi équipées de moulins qu'on peut utiliser sur place. Une fois concassé, le malt doit être conservé dans un emballage hermétique car il risque de s'éventer rapidement et de perdre son arôme.

Il se vend aussi des emballages préparés d'avance qui contiennent tous les ingrédients nécessaires pour faire une recette donnée. Le malt en grain, les céréales et les divers autres ingrédients sont déjà mesurés, concassés et prêts à être utilisés.

3. L'EMPÂTAGE

Après avoir été concassé, le malt est mélangé à de l'eau que l'on aura chauffée au préalable à 50 °C (122 °F). Cette opération s'appelle l'empâtage, nom qui illustre bien la consistance du mélange. On utilise environ 3,5 litres d'eau par kilogramme de grain (malt et succédanés), soit 7 tasses d'eau par livre de grain. Ces quantités incluent l'eau utilisée pour la cuisson des succédanés, s'il y a lieu.

Idéalement le mélange devrait être assez épais ; cependant, il est plus facile d'en contrôler la température et d'empêcher qu'il ne colle au fond s'il ne l'est pas trop.

Il faut brasser pour obtenir un mélange de consistance et de température homogènes. La température sera surveillée au moyen d'un thermomètre flottant, plongé dans le moût, et ce, tout au long du brassage proprement dit.

4. LE BRASSAGE PROPREMENT DIT

La transformation des protéines

Le malt contient des protéines qui doivent être transformées en composés plus simples (peptides et acides aminés). Le rôle principal des protéines est de servir comme éléments nutritifs pour les levures et de contribuer à la formation et à la tenue de la mousse.

Cette transformation est obtenue grâce aux protéinases qui sont particulièrement actives à des températures d'environ 50 °C (122 °F). C'est pourquoi la méthode de brassage prévoit un palier à cette température; on y maintient le brassin durant 15 à 30 minutes afin de permettre aux protéinases d'agir.

Si on utilise des malts d'origine anglaise très désagrégés, maltés à partir d'orge à deux rangs, on peut sauter cette étape, mais avec les malts nord-américains moins désagrégés, maltés à partir d'orge à six rangs et plus riches en protéines, cette étape est nécessaire. Il en est de même si on utilise, en plus du malt, des ingrédients riches en protéines, l'orge non maltée par exemple.

La transformation de l'amidon

Le mélange est ensuite chauffé jusqu'à 65 °C (149 °F) et maintenu entre 65 °C (149 °F) et 68 °C (155 °F) durant une période de 30 à 60 minutes. **La température ne doit pas dépasser 70 °C (158 °F) sans quoi certains enzymes du malt risquent d'être détruits.**

Ces enzymes, l'alpha amylase et la bêta amylase, sont responsables de la transformation de l'amidon en maltose et en dextrines. Le maltose fermentescible sera transformé en alcool et en gaz carbonique lors de la fermentation, tandis que les dextrines non fermentescibles contribuent au moelleux de la bière.

154

Les températures mentionnées doivent être respectées; quelques degrés en plus ou en moins modifieront le caractère de la bière:

• en bas de 65 °C (149 °F), la formation de maltose est favorisée et on obtient une bière plus mince où le sucre formé sera transformé en alcool;

• en haut de 65 °C (149 °F), la proportion de dextrines sera plus élevée; on obtient une bière plus douce, plus moelleuse car les dextrines formées demeurent dans le moût.

Si on détruit les enzymes par chauffage excessif, la fermentation devient impossible. La température doit être surveillée constamment à l'aide d'un thermomètre et le moût brassé à intervalles réguliers afin de s'assurer qu'il n'y a pas de différences de température entre le fond de la marmite et le dessus. Cette opération s'appelle le brassage, rappelons-le! Le thermomètre ne doit pas appuyer sur le fond de la marmite, car cela fausserait les lectures.

La désactivation des enzymes

La transformation de l'amidon en sucre et en dextrines assurée, on chauffe jusqu'à 77 °C (170 °F) et on y maintient le brassin durant 10 minutes environ pour détruire les enzymes, la bêta amylase en particulier, et bloquer leur activité.

Autant que possible, ne pas dépasser 77 °C (170 °F), car on risque de faire passer un peu d'amidon non transformé en sucre dans le moût, ce qui risque de donner une bière un peu trouble.

Le matériel

Pour le brassage proprement dit et pour la cuisson du moût, on a besoin d'une marmite d'une capacité d'au moins 25 litres (5,5 gallons), afin de contenir

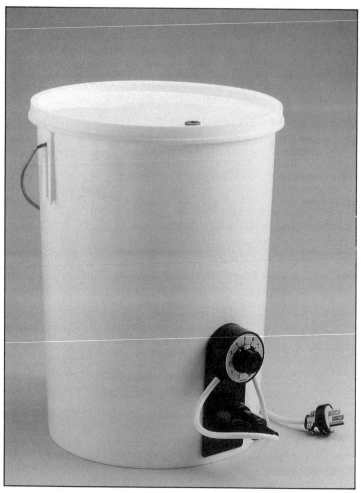

Bouilloire électrique à thermostat.

tout le brassin et tout le moût. Pour éviter les écarts brusques de température, on peut placer un grillage entre l'élément chauffant et la marmite, si on utilise une cuisinière électrique.

On trouve aussi dans les boutiques spécialisées des bouilloires électriques de 25 litres (5,5 gallons) contrôlées par thermostat et munies d'un robinet à la base. Elles sont vendues avec un sac en nylon qui peut être fixé à l'intérieur et servir de passoire lors du lavage des drêches. Le robinet sert à vider la bouilloire sans avoir à verser le contenu en la penchant. Elles sont utilisées pour le brassage proprement dit et pour la cuisson du moût. Ce type de matériel facilite grandement le brassage à partir de malt.

Contrôle de la conversion de l'amidon

Lorsque le brassin est maintenu à la température recommandée, tout l'amidon devrait être converti en sucre ou en dextrines, en moins d'une heure. Pour s'en assurer, on a recours au test suivant : prélever une cuillerée de moût, la verser sur une assiette de porcelaine blanche, y ajouter une goutte de teinture d'iode et bien observer la couleur du mélange obtenu.

Le moût prélevé est de couleur blanchâtre ; lors de l'addition de la teinture d'iode de couleur jaune brun, le mélange prend la couleur de cette dernière. Si le moût contient encore de l'amidon, le mélange prend une teinte bleu foncé et les grains d'amidon se colorent en noir. Ce changement de couleur indique que la conversion de l'amidon n'est pas encore terminée et que le brassin doit encore être maintenu entre 65 °C (149 °F) et 68 °C (155 °F) durant un quart d'heure au moins.

À noter que **la teinture d'iode est une substance toxique,** le liquide qui a servi au test doit être jeté et l'assiette soigneusement rincée. Inutile de dire que la teinture d'iode ne doit pas être ajoutée directement au brassin.

Si après deux heures, à la température prescrite, l'amidon n'est pas encore transformé, ce qui est indiqué par une coloration bleue lors du test, c'est sans doute dû à l'une des raisons suivantes:

• la température a dépassé 70 °C (158 °F) de plusieurs degrés et les enzymes ont été détruits;

• la température n'est pas assez élevée; dans ce cas, vérifier le thermomètre et augmenter la température;

• le malt est de mauvaise qualité et les enzymes sont inactifs;

• certains grains sont mal concassés (mouture trop grosse) et les enzymes ne peuvent convertir rapidement ces gros grains;

• certains grains ne sont pas concassés et l'amidon de ces grains n'a pas été libéré.

Cependant, ces problèmes sont peu fréquents si on surveille bien la température. Notez qu'il peut y avoir quelques grains noirs épars à travers l'échantillon (le concassage n'est jamais parfait) ou que le liquide peut prendre une légère teinte rose ou violacée due à la présence de dextrines. Il n'y a pas lieu alors de conclure que la conversion de l'amidon n'est pas terminée; en présence d'amidon le virage au bleu noir est marqué.

Pour bien voir à quoi ressemble ce changement de couleur, on n'a qu'à faire le test dès le début du brassage proprement dit.

Ce test, bien que facultatif, est fort utile et facile à réaliser. Toute teinture d'iode vendue en pharmacie (solution à 5 % d'iode) peut être utilisée.

Contrôle de l'acidité du moût

L'acidité du moût, tout comme la température, influence l'action des enzymes. Le pH du brassin à l'empâtage devrait être aux environs de 5,2 à 5,4. La notion de pH est expliquée à l'annexe 2.

Si le moût est trop acide (pH en bas de 5,0), on peut le corriger en ajoutant du carbonate de calcium, ce qui augmente le pH et diminue l'acidité. Si le moût est trop alcalin, pas suffisamment acide (pH en haut de 5,5), on peut corriger par addition de sulfate de calcium, ce qui diminue le pH et augmente l'acidité.

Le pH se mesure à l'aide de papier tournesol et la correction s'effectue en ajoutant du sulfate ou du carbonate de calcium par petite quantité, pas plus de 2,5 millilitres (1/2 c. à thé) à la fois.

À noter que la correction du degré d'acidité ne s'avère nécessaire que très rarement, dans les cas où l'eau utilisée au départ ne convient réellement pas au brassage de la bière. Les amateurs n'ont pas besoin de mesurer le pH de leur brassin à chaque recette.

5. LA FILTRATION DU MOÛT

La transformation de l'amidon terminée, le brassin, devenu un mélange de moût sucré et d'écorces de malt, est filtré à travers une passoire qui retient les drêches et laisse passer le moût sucré. Les écorces écrasées s'accumulent dans la passoire et forment une couche filtrante à travers laquelle sont retenues de fines particules ; le moût récupéré peut être reversé à nouveau sur cette couche filtrante et devrait en ressortir mieux clarifié que la première fois.

Si l'écorce a été simplement fendue ou éclatée lors du concassage, cette opération se fait aisément ; cependant, si l'écorce a été moulue en une fine poudre, elle est quasiment impossible.

Passoire et sac en toile utilisé comme passoire.

Au lieu d'une passoire, on peut utiliser un sac en nylon conçu spécialement à cette fin. De fabrication domestique ou achetés dans une boutique spécialisée, ces sacs de forme cylindrique, ont des parois en toile de nylon tissée très serrée et un fond fait d'un treillis de nylon. Ils doivent être solides, car les drêches mouillées pèsent plus de 5 kilogrammes (11 livres).

Un autre système consiste en deux seaux de plastique qui s'emboîtent l'un dans l'autre comme les chaudrons d'un bain-marie. Le plus petit des deux est perforé de trous minuscules et sert de passoire, alors que le plus grand est muni à sa base d'un robinet qu'on n'a qu'à ouvrir pour laisser s'écouler le moût.

6. LE LAVAGE DES DRÊCHES

Après la filtration, il reste une quantité importante de moût dans les drêches; le but du lavage est de le récupérer. On y parvient en versant de l'eau chaude sur les drêches ou en les immergeant.

Plus l'eau est chaude, plus l'extraction du sucre est aisée. Cependant, si la température des drêches dépasse 77 °C (170 °F), on risque de dissoudre des substances indésirables, de l'amidon entre autre. L'eau utilisée est chauffée à 80 °C (176 °F), elle se refroidit au contact des drêches de sorte que la température du mélange ne dépasse pas 77 °C (170 °F).

Les méthodes à utiliser

Méthode 1. Après avoir coulé le brassin à travers une passoire, on verse sur les drêches, à l'aide d'une tasse, de l'eau chauffée à 80 °C (176 °F), en prenant soin de les agiter le moins possible.

Les écorces écrasées accumulées dans la passoire forment une couche filtrante à travers laquelle sont retenues de fines particules; si le lavage des drêches est fait doucement, elles ne sont pas délogées et ne passent pas dans le moût.

Une recette de 20 litres utilise au minimum 2,5 kilogrammes (5,5 livres) de malt en grains, il faut prévoir pour le lavage des drêches une passoire d'au moins 30 centimètres (1 pied) de diamètre.

Cette opération peut se faire en deux ou même trois fois si la passoire est trop petite. Verser une partie du moût dans la passoire, verser une partie de l'eau sur les drêches qui s'y sont accumulées, jeter les drêches épuisées, puis recommencer avec l'autre partie du moût. Lorsque l'épaisseur de la couche de drêches dépasse 10 centimètres (4 pouces), l'extraction du moût est plus lente.

Méthode 2. La méthode suivante, plus expéditive, peut aussi être employée :

- couler le moût à travers une passoire et laisser égoutter ;

- remettre les drêches dans la marmite, ajouter de l'eau, chauffée à 80 °C (176 °F), pour couvrir les drêches ;

- couler à nouveau à travers la passoire ;

- recommencer l'opération encore une ou deux fois.

L'inconvénient de cette méthode, c'est que de fines particules vont se retrouver en suspension dans le moût; on y remédie en filtrant le moût à travers une toile de nylon très fine.

Les sacs vendus pour faire bouillir le houblon conviennent bien à cet usage. On soutire le moût et on place l'extrémité du tube par où sort le moût dans le sac en nylon. Les particules s'y accumuleront; elles vont colmater les pores de la toile de nylon assez rapidement, on devra donc rincer le sac à deux ou trois reprises.

Méthode 3. Cette méthode fait appel à du matériel plus élaboré:

• soit un sac en nylon placé dans un seau muni d'un robinet. Le sac, de même diamètre que le seau, est posé sur un faux fond perforé placé au-dessus de la sortie du robinet;

• soit le système formé de deux seaux qui s'emboîtent l'un dans l'autre décrit précédemment.

Procéder de la façon suivante:

• Verser le moût dans le sac en nylon ou le seau perforé. Au préalable, on aura ajouté de l'eau pour couvrir le faux fond qui soutient le sac ou le fond du seau perforé.

• Ouvrir le robinet et laisser le moût s'écouler lentement; récupérer les 4 premiers litres (1 gallon) et les verser à nouveau sur les drêches; ouvrir le robinet à nouveau et laisser le moût s'écouler lentement, il devrait en ressortir plus clair, sans toutefois être très limpide.

• Lorsque le liquide est rendu au niveau de la surface des drêches, commencer à ajouter l'eau chauffée à 80 °C (176 °F) en arrosant délicatement la surface des drêches. Les débits doivent être réglés de façon à ce que le niveau de liquide soit toujours légèrement plus bas que la surface des drêches. Excepté à la toute fin, les drêches doivent être totalement immergées.

• Lorsque toute la quantité d'eau prévue a été utilisée, laisser le moût s'égoutter complètement et jeter les drêches.

Quantité d'eau à utiliser

Le lavage des drêches a pour effet de diluer le moût. La quantité d'eau utilisée ne doit pas être trop grande sans quoi on devra faire bouillir le moût obtenu pour en diminuer le volume par évaporation.

Lors de l'empâtage, on a déjà utilisé 3,5 litres d'eau par kilogramme de grain (malt et succédanés), soit 7 tasses d'eau par livre de grain. Les quantités d'eau à utiliser à chaque opération sont données ci-après pour une recette de 20 litres (4,4 gallons) où l'on a utilisé 3 kilogrammes (6,6 livres) de malt:

Volume d'eau	litre	gallon
Ajouté à l'empâtage	+11	+2,4
Ajouté au lavage des drêches	+14	+3,1
Absorbé dans les drêches	− 3	−0,6
Évaporé lors de l'ébullition	− 2	−0,5
Volume de moût	20	4,4

La quantité totale d'eau utilisée lors de l'empâtage et du lavage des drêches est de 25 litres (5,5 gallons), donc supérieure à 20 litres (4,4 gallons), soit le volume de la recette, car une partie de l'eau reste dans les drêches et une autre est perdue par évaporation lors de la cuisson du moût.

La quantité approximative d'eau à utiliser est indiquée à chaque recette; en fait, on doit utiliser suffisamment d'eau pour obtenir 22 litres (4,8 gallons) de moût; on suppose une perte de 2 litres (0,4 gallon) lors de l'ébullition.

La densité du moût qui s'écoule lors du lavage des drêches est un indice de la quantité de sucre qui reste dans les drêches; élevée au début elle diminue au fur et à mesure. Une mesure de la densité faite à la toute fin indique si l'extraction du moût est complétée.

La densité du moût

Il est difficile de prévoir de façon exacte la densité du moût obtenu lors du brassage d'une bière de malt, chose facile pourtant avec les bières d'extrait de malt.

La densité du moût dont la première partie est obtenue lors de la filtration du brassin et la seconde lors du lavage des drêches pourra varier, et de beaucoup, avec la quantité de sucre demeurée dans les drêches. C'est pourquoi on donne pour la densité initiale, dans le cas des recettes à partir de malt, non seulement la valeur théorique maximale, mais aussi une valeur qui suppose un taux d'extraction du moût de 80 %, ce qui est possible, bien qu'encore difficile à atteindre. Les valeurs théoriques maximales supposent que tout le moût est extrait des drêches, ce qui en pratique est impossible, à moins d'utiliser une très grande quantité d'eau lors du lavage des drêches avec pour effet de trop diluer le moût.

La façon de calculer la densité initiale du moût à partir des ingrédients est donnée à l'annexe 5.

7. L'UTILISATION DE SUCCÉDANÉS DU MALT

Les succédanés du malt sont des céréales utilisées pour remplacer une partie du malt lors du brassage. Les plus employées sont le maïs, l'orge, le blé et le riz.

Les grains crus (nom donné à ces céréales non maltées) contribuent au goût de la bière. La saveur caractéristique de certaines bières nord-américaines provient de l'utilisation de maïs dans des proportions allant jusqu'à 25 %. En règle générale, les succédanés allègent le goût de la bière, c'est le cas du riz et du maïs, sans toutefois présenter les inconvénients du sucre, utilisé aux mêmes fins avec les bières d'extrait de malt.

Cuisson et conversion de l'amidon

Les céréales utilisées comme succédanés contiennent de l'amidon. Non maltées cependant, elles ne possèdent pas les enzymes nécessaires pour en assurer la conversion. Néanmoins, si au brassage on en ajoute au malt une certaine proportion ne dépassant pas 25 %, ce dernier contient suffisamment d'enzymes pour convertir non seulement son propre amidon mais aussi celui des succédanés.

Toutes les céréales doivent être cuites avant d'être ajoutées au malt lors du brassage, afin d'assurer la gélification de l'amidon qu'elles contiennent. Lors de la gélification, les grains d'amidon éclatent sous l'effet de la chaleur et le mélange devient translucide et gélatineux. Cette transformation de l'amidon est une étape préalable nécessaire à sa conversion par les enzymes du malt. Ce processus est décrit plus en détail à l'annexe 3.

Diverses formes de succédanés

Les céréales utilisées comme succédanés se présentent sous trois formes : les grains, les semoules et les flocons.

Les grains, comme le riz et l'orge mondé, doivent avoir été décortiqués, dégermés et ne plus avoir de son. Ils sont cuits avant d'être ajoutés au malt lors du brassage. Parfois, ils sont concassés avant la cuisson.

Les semoules, comme les semoules de blé ou de maïs, sont des grains concassés plus ou moins finement et doivent aussi être cuites.

Le brasseur amateur peut aussi se procurer dans les boutiques spécialisées des céréales déjà cuites, disponibles sous forme de flocons. Ces flocons, plus pratiques à utiliser que les grains entiers ou les semoules, ne nécessitent ni concassage, ni cuisson préalable. De plus, ils facilitent l'extraction du moût : le grain étant entier, il a moins tendance à donner un brassin pâteux (cas des semoules). On retrouve sous forme de flocons du maïs, de l'orge, du blé et du riz.

Les principaux succédanés

Le maïs. Responsable de la saveur douce des lagers nord-américaines, le maïs peut être utilisé sous forme de semoules ou de flocons.

La semoule de maïs se vend dans les épiceries pour être utilisée comme céréale chaude au déjeuner, comme le gruau d'avoine. Elle doit être cuite avant d'être ajoutée au malt lors du brassage.

On peut aussi se procurer des flocons de maïs; déjà cuits lors du processus de transformation, on les ajoute au malt sans cuisson.

L'orge. L'orge, riche en protéines, contribue à donner du moelleux à la bière en plus d'assurer une bonne tenue de la mousse. Cependant, son emploi tend à produire une bière moins limpide qui, sans être trouble, sera opalescente. Ceci ne présente pas d'inconvénient avec les bières brunes; quant aux bières pâles, il importe de ne point omettre lors du brassage l'étape où s'effectue la conversion des protéines.

L'orge mondé ou perlé peut être utilisé. L'orge mondé est de l'orge décortiquée dépourvue de son et réduite en petits grains ronds par passage entre deux meules. D'abord concassé et cuit jusqu'à ce que l'amidon qu'il contient soit gélifié, il est ajouté au malt au début du brassage. S'il est concassé au préalable, la gélification sera plus rapide; utiliser à cette fin le moulin à grain.

L'orge existe aussi en flocons qui ne nécessitent aucune cuisson.

Le riz. Le riz contribue à la légèreté de la bière et ne lui confère aucune saveur particulière; c'est un atout avec les bières pâles nord-américaines.

Le riz blanc doit être bouilli dans au moins 6 fois son volume d'eau jusqu'à ce que les grains deviennent translucides, signe de gélification.

On en trouve aussi en flocons déjà cuits plus faciles à utiliser.

Le riz soufflé vendu comme céréale pour le déjeuner peut aussi être utilisé (sans cuisson), s'il ne contient aucun autre ingrédient ou additif.

Le blé. Le blé aide à la formation et à la tenue de la mousse, c'est pourquoi on en ajoute une petite quantité à certaines recettes, moins de 250 grammes (8 onces). Utilisé en grande quantité, il donne une bière de saveur et de corps légers, mais au goût caractéristique.

On le trouve sous forme de semoules ou de flocons.

Le blé peut aussi être malté, comme l'orge. Le malt de blé ou blé malté contient des enzymes capables d'assurer la conversion de l'amidon.

8. CUISSON DU MOÛT ET FERMENTATION

Contrairement aux bières d'extrait de malt ou l'on pouvait ne faire bouillir que 5 ou 10 litres de moût, dans le cas des bières de malt, il faudra faire bouillir 20 litres (4,4 gallons) de moût. Un tel volume nécessite une marmite de 25 litres (5,5 gallons) au moins. Mentionnons qu'il faut une certaine force physique pour manipuler en toute sécurité 20 kilogrammes (44 livres) de liquide bouillant, sans compter le poids de la marmite. On peut pallier, en partie, cette difficulté en divisant le volume de moût dans deux marmites.

De telles quantités de moût prennent aussi plus de temps à refroidir; on doit penser à accélérer le refroidissement en plaçant le chaudron dans un évier empli d'eau froide, par exemple.

Une autre solution, qui s'adresse aux bricoleurs, consiste à refroidir le moût au moyen d'un serpentin dans lequel on fait circuler de l'eau froide. Ces serpentins sont faits d'un tube de cuivre enroulé en spirale. Ils sont placés dans la marmite de moût bouillant et relié au robinet d'eau froide par un tube de plastique flexible.

Si la période de refroidissement du moût est longue, comme le moût est particulièrement sensible à la contamination lorsqu'il ne contient pas d'alcool, la préparation d'un levain est d'autant plus nécessaire. Voir les **Instructions pour la préparation d'un levain** données à la section 6 du chapitre III.

9. INSTRUCTIONS POUR LE BRASSAGE À PARTIR DE MALT

1° Concassage du malt

Concasser le malt et les malts spéciaux à l'aide d'un moulin; les grains doivent être éclatés sans que les écorces ne soient réduites en fine poudre.

2° Cuisson des succédanés

Cuire les grains crus utilisés comme succédanés pour en assurer la gélification; on les aura concassés au préalable si nécessaire.

3° Empâtage

Chauffer de l'eau à 50 °C (122 °F), ajouter le malt concassé et les succédanés cuits, s'il y a lieu; brasser pour bien mélanger. Utiliser 3,5 litres d'eau par kilogramme de grain (malt et succédanés), soit 7 tasses par livre.

4° Mesure de l'acidité (facultatif)

Mesurer l'acidité du brassin à l'aide de papier tournesol; le pH à l'empâtage devrait être entre 5,2 et 5,4. Si le pH est en bas de 5, corriger par addition de carbonate de calcium; si le pH est en haut de 5,5, corriger par addition de gypse.

BRASSAGE ARTISANAL DE LA BIÈRE
À L'AIDE DE MALT ET DE SUCCÉDANÉS DU MALT

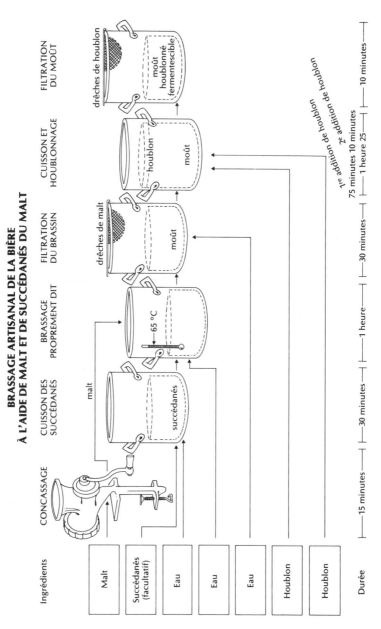

5° Conversion des protéines

Chauffer et maintenir le brassin à 50 °C (122 °F) durant 15 à 30 minutes. Brasser régulièrement pour assurer une température uniforme.

6° Conversion de l'amidon

Chauffer pour augmenter la température à 65 °C (149 °F); maintenir le mélange entre 65 °C (149 °F) et 68 °C (155 °F) durant 30 à 60 minutes. Brasser régulièrement pour assurer une température uniforme et empêcher que le mélange ne colle au fond.

7° Contrôle de la conversion de l'amidon (facultatif)

Prélever une cuillerée de moût, le verser sur une assiette de porcelaine blanche et y ajouter une goutte d'iode; si la couleur du mélange vire au bleu noir, prolonger la durée de l'étape 6 de 15 minutes. Jeter l'échantillon qui a servi au test, l'iode est toxique.

8° Désactivation des enzymes

La transformation de l'amidon terminée, chauffer jusqu'à 77 °C (170 °F) pour arrêter toute réaction enzymatique; y demeurer 10 minutes.

9° Filtration du moût

Verser le moût à travers une passoire.

Facultatif: Reverser le moût à nouveau sur les drêches accumulées dans la passoire, il devrait en ressortir plus limpide.

10° Lavage des drêches

Chauffer de l'eau à 80 °C (176 °F) et à l'aide d'une tasse, arroser doucement les drêches restées dans la passoire. Utiliser suffisamment d'eau pour obtenir un volume de 22 litres (4,9 gallons) de moût.

Facultatif: Filtrer le moût obtenu à travers une mince toile de nylon.

11° Cuisson du moût

Amener le moût à ébullition et bouillir durant 10 minutes. Écumer.

12° Première addition de houblon

Ajouter le houblon et bouillir durant 45 minutes.

13° Addition de produit clarifiant

Ajouter la carraghénine et bouillir durant 15 minutes.

14° Deuxième addition de houblon

Ajouter le houblon aromatique et bouillir durant 10 minutes, pas plus.

15° Filtration du moût après cuisson

Verser le moût à travers une passoire pour en retirer les cônes de houblon épuisés par la cuisson.

Facultatif: Placer un coton à fromage ou une fine toile de nylon sur la passoire pour assurer une meilleure filtration du trouble grossier ou fin ou pour retenir les fines particules de houblon si on a utilisé du houblon en granules.

16° Préparation d'un levain

Prélever 500 millilitres (2 tasses) de moût, couvrir, refroidir à 20 °C (68 °F) et ajouter un sachet de levures sèches.

17° Refroidissement du moût

Faire refroidir le moût à 20 °C (68 °F).

18° Fermentation

Suivre les **Instructions pour la conduite de la fermentation** données à la fin du chapitre VI.

19° Embouteillage

Suivre les **Instructions pour l'embouteillage** données à la fin du chapitre VI.

IX

RECETTES À BASE DE MALT

Les recettes de ce chapitre, comme celles du chapitre VI, sont des recettes types. Plutôt que de donner une multitude de recettes, on y donne des recettes types que l'amateur peut modifier en variant un ingrédient à la fois, de façon à en voir l'effet sur le goût de la bière. On indique aussi à chaque recette des modifications possibles.

Les trois premières recettes appelées «recette simplifiée» sont pour des quantités de 4 litres (1 gallon) de bière. Pour l'amateur qui brasse sa première bière à partir de malt, comme l'opération est plus longue, il est préférable de commencer par une recette de 4 litres plutôt que de 20 litres et de suivre une procédure simplifiée. Après s'être familiarisé avec les techniques de brassage avec de petites recettes, on peut passer aux suivantes. Pour de telles recettes, le matériel utilisé avec les bières d'extrait de malt est suffisant.

La densité initiale donnée à chaque recette varie, et de beaucoup, avec la quantité de moût demeurée dans les drêches. On donne donc pour la densité initiale deux valeurs : une valeur théorique maximale, qui suppose que tout le moût est extrait des drêches et, entre parenthèses, une valeur qui suppose un taux d'extraction du moût de 80 %, ce qui est possible, bien que difficile à atteindre.

Si la densité initiale obtenue est trop basse, on peut compenser par addition de sucre. L'addition de 250 millilitres (1 tasse) de sucre à 20 litres (4,4 gallons) de moût augmente la densité d'environ 5° et la teneur en alcool de la bière d'un demi pour cent. **Cette addition de sucre doit être faite avant la fermentation et non à l'embouteillage.**

La teneur en alcool donnée à chaque recette tient compte du sucre ajouté à l'embouteillage. Voir l'annexe 5 pour plus de détails.

La densité finale variera selon les proportions de maltose et de dextrines obtenues. Cependant pour une bière brassée à partir de malt, on peut viser une densité finale d'environ 1,010, soit 10 °.

Les mesures données sont des mesures rases et on doit se servir de cuillers et de tasses à mesurer. Pour des quantités de moins de 125 millilitres (1/2 tasse), les tasses à mesurer ne sont pas assez précises, utiliser des cuillers à mesurer.

Dans les recettes qui suivent les quantités de malt sont données en poids (kilogramme ou livre) selon l'usage établi. Pour ceux qui n'ont pas de balance, les équivalences poids-volume pour les grains (malt, malts spéciaux et orge) sont approximativement :

1 tasse de grains	125 grammes	4 onces
4 tasses de grains	500 grammes	1 livre
8 tasses de grains	1 kilogramme	2 livres

Quant aux céréales en flocons (riz, maïs, blé et orge) les équivalences poids-volume sont approximativement :

1,5 tasse de flocons	125 grammes	4 onces
3 tasses de flocons	250 grammes	8 onces
6 tasses de flocons	500 grammes	1 livre

Voir l'annexe 6 pour une liste plus complète des équivalences poids-volume.

1. RECETTE TYPE N° 11 (recette simplifiée)

Votre première bière à partir de malt

Cette bière aura beaucoup plus de bouche ou de moelleux que la bière faite d'extrait de malt et de sucre de canne.

Utiliser un houblon peu amer comme les Golding, le Hallertau et le Saaz.

La densité initiale devrait être de 1,040 en théorie, mais la valeur obtenue sera plutôt aux environs de 1,032 et la densité finale de 1,006.

INGRÉDIENTS

• Malt pâle	0,5 kg	1 lb
• Eau (empâtage)	2 l	8 tasses
• Gypse	2,5 ml	1/4 c. à thé
• Eau (lavage des drêches)	3 l	12 tasses
• Houblon	15 g	1/2 oz
• Sucre	60 ml	1/4 de tasse
• Levure à bière	1 sachet	
• Sucre (à l'embouteillage)	30 ml	6 c. à thé

Densité initiale :	1,040 (1,032)
Densité finale :	1,006
Atténuation :	26 °
Teneur en alcool :	4 %

BRASSAGE

1° Concasser le malt; les grains doivent être concassés et non pas réduits en poudre.

2° Chauffer 2 litres (8 tasses) d'eau à 65 °C (149 °F), y ajouter le gypse et le malt concassé.

3° Brasser et maintenir le mélange à des températures variant entre 65 °C (149 °F) et 68 °C (155 °F) durant 45 minutes.

4° *Facultatif*: Après 30 minutes, prélever une cuillerée de moût et à l'aide du test de la goutte d'iode, vérifier si la conversion de l'amidon en sucre est complétée. Jeter l'échantillon qui a servi au test; l'iode est toxique.

5° Verser le brassin dans une passoire. Les drêches (enveloppes des grains) resteront dans la passoire.

6° Reverser le moût à nouveau sur les drêches (il devrait ressortir plus limpide que la première fois). Les drêches agissent comme filtre pour retenir diverses substances qui risqueraient de troubler la bière.

7° Faire bouillir 3 litres (12 tasses) d'eau et la verser doucement sur les drêches demeurées dans la passoire afin d'en extraire tout le sucre possible.

8° Remettre le moût obtenu au feu, ajouter le houblon et faire bouillir durant 1 heure. (Mettre de côté un quart du houblon qui ne sera ajouté qu'à la fin.)

9° Ajouter la deuxième partie du houblon (houblon aromatique) et bouillir encore 10 minutes, pas plus.

10° Ajouter le sucre au moût à la fin de l'ébullition.

11° Laisser refroidir jusqu'à 20 °C (68 °F). Placer le récipient dans un évier empli d'eau froide pour accélérer le refroidissement.

12° Filtrer le moût à travers une passoire pour éliminer les cônes de houblon épuisés par la cuisson.

13° Procéder à la fermentation.

FERMENTATION ET EMBOUTEILLAGE

Suivre les **Instructions pour la conduite de la fermentation** et les **Instructions pour l'embouteillage** données à la fin du chapitre VI.

2. RECETTE TYPE N° 12 (recette simplifiée)

Bière de malt ambrée (ale)

Comme la recette précédente, cette recette simplifiée donnera 4 litres (1 gallon) de bière.

L'emploi de malt caramélisé donnera une couleur ambrée à cette bière. Doubler la quantité si on en aime le goût. La quantité employée, soit 25 grammes (1 once), équivaut à 60 millilitres (1/4 de tasse).

Utiliser une variété de houblon peu amer (du Fuggles ou des Golding, par exemple).

INGRÉDIENTS

• Malt pâle	0,5 kg	1 lb
• Malt caramélisé	25 g	1 oz
• Eau (empâtage)	2 l	8 tasses
• Gypse (facultatif)	2,5 ml	1/4 c. à thé
• Eau (lavage des drêches)	3 l	12 tasses
• Houblon	15 g	1/2 oz
• Sucre	60 ml	1/4 de tasse
• Levure à bière	1 sachet	
• Sucre (à l'embouteillage)	30 ml	6 c. à thé

Densité initiale :	1,041 (1,033)
Densité finale :	1,007
Atténuation :	26°
Teneur en alcool :	4 %

MÉTHODE

Suivre les instructions données à la recette type n⁰ 11. Ajouter le malt caramélisé, concassé au préalable, en même temps que le malt, à l'étape 2.

3. RECETTE TYPE N⁰ 13 (recette simplifiée)

Bière de malt et de grains

En plus du malt, cette recette fait appel à du maïs ou de l'orge ou à un mélange des deux. Utilisés sous forme de flocons, ces succédanés (céréales non maltées) ne nécessitent aucune cuisson préalable ; on les ajoute au malt lors du brassage.

Selon la céréale utilisée, maïs ou orge, la bière obtenue s'apparentera à une lager nord-américaine ou à une ale anglaise.

L'orge, riche en protéines, risque d'affecter la limpidité de la bière, qui sera opalescente plutôt que limpide. Ceci peut aussi être dû à un malt riche en protéines. Pour éviter cela, on ajoute une étape au brassage, étape omise lors des deux recettes précédentes. Le brassin sera maintenu à 50 °C (122 °F) durant 30 minutes pour permettre une transformation des protéines.

Les 125 grammes (4 onces) de flocons de maïs ou d'orge utilisés équivalent à 375 millilitres (1,5 tasse).

INGRÉDIENTS

• Malt pâle	0,5 kg	1 lb
• Eau (empâtage)	2 l	8 tasses
• Gypse	2,5 ml	1/4 c. à thé
• Flocons de maïs ou d'orge	125 g	4 oz
• Eau (lavage des drêches)	3 l	12 tasses
• Houblon	15 g	1/2 oz
• Sucre	60 ml	1/4 de tasse
• Levure à bière	1 sachet	
• Sucre (à l'embouteillage)	30 ml	6 c. à thé

Densité initiale :	1,044 (1,039)
Densité finale :	1,008
Atténuation :	31°
Teneur en alcool :	4,6 %

MÉTHODE

1° Concasser le malt ; les grains doivent être concassés et non pas réduits en poudre.

2° Chauffer 2 litres (8 tasses) d'eau à 50 °C (122 °F), y ajouter le gypse, le malt concassé et les céréales, brasser et maintenir le mélange à cette température durant 30 minutes. Brasser à intervalles réguliers.

3° Chauffer pour augmenter la température à 65 °C (149 °F) ; maintenir le mélange à des températures variant entre 65 °C (149 °F) et 68 °C (155 °F) durant 45 minutes. Brasser à intervalles réguliers.

4° Suivre les indications données à la recette type nᵒ 11 à partir de l'étape 4.

4. RECETTE TYPE No 14

Lager allemande

Cette recette fait appel à un seul ingrédient, le malt. Une ancienne loi allemande interdit d'utiliser autre chose que du malt pour le brassage de la bière. Si vous aimez les bières à saveur de malt prononcée, refaire la même recette avec 4 kilogrammes (8,8 livres) de malt au lieu de 3 kilogrammes (6,5 livres).

Le houblon employé peut être du Hallertau ou du Saaz, ou encore un mélange des deux. Comme houblon aromatique les mêmes variétés peuvent être utilisées. Cette bière peut aisément supporter 15 grammes (1/2 once) de plus de houblon, si on aime les bières bien houblonnées ou si on utilise plus de malt.

INGRÉDIENTS

• Malt pâle	3 kg	6,5 lb
• Eau (empâtage)	11 l	2,4 gal
• Gypse	5 ml	1 c. à thé
• Eau (lavage des drêches)	14 l	3,1 gal
• Houblon	30 g	1 oz
• Carraghénine	2,5 ml	1/2 c. à thé
• Houblon aromatique	15 g	1/2 oz
• Levure à bière	1 sachet	
• Gélatine	2,5 ml	1/2 c. à thé
• Sucre (à l'embouteillage)	175 ml	3/4 de tasse

Densité initiale :	1,042 (1,033)
Densité finale :	1,008
Atténuation :	25°
Teneur en alcool :	3,8 %

BRASSAGE

1° Concasser le malt.

2° Chauffer l'eau à 50 °C (122 °F), y ajouter le gypse et le malt.

3° Brasser pour bien mélanger et maintenir à 50 °C (122 °F), durant 30 minutes. Brasser le mélange à intervalles réguliers.

4° Chauffer ensuite pour augmenter la température à 65 °C (149 °F); maintenir le mélange à des températures variant entre 65 °C (149 °F) et 68 °C (155 °F) durant 40 minutes. Brasser à intervalles réguliers.

5° *Facultatif*: Après 30 minutes, prélever une cuillerée de moût, y ajouter une goutte d'iode et vérifier si la conversion de l'amidon est complétée. Jeter l'échantillon qui a servi au test.

6° La transformation de l'amidon terminée, chauffer pour augmenter la température à 77 °C (170 °F), y demeurer 10 minutes.

7° Filtrer le moût à travers une passoire.

8° *Facultatif*: Reverser le moût à nouveau sur les drêches accumulées dans la passoire.

9° Chauffer l'eau qui servira au lavage des drêches à 80 °C (176 °F) et, à l'aide d'une tasse, la verser doucement sur les drêches.

10° *Facultatif*: Filtrer le moût obtenu à travers une fine toile de nylon.

11° Remettre le moût au feu et le faire bouillir 10 minutes. Écumer.

12° Ajouter le houblon et faire bouillir 45 minutes.

13° Ajouter la carraghénine et faire bouillir 15 minutes.

14° Ajouter la deuxième partie du houblon, le

houblon aromatique, et faire bouillir 10 minutes, pas plus.

15° Verser le moût à travers une passoire et retirer le houblon épuisé par la cuisson.

Facultatif: Placer un coton à fromage ou une fine toile de nylon sur la passoire pour assurer une meilleure filtration du trouble grossier ou fin ou pour retenir les fines particules de houblon si on a utilisé du houblon en granules.

16° Faire refroidir le moût et procéder à la fermentation.

FERMENTATION ET EMBOUTEILLAGE

Suivre les **Instructions pour la conduite de la fermentation** et les **Instructions pour l'embouteillage** données à la fin du chapitre VI.

5. RECETTE TYPE N° 15

Ale anglaise légère

Cette bière peut être décrite comme une *light ale*; elle aura une couleur cuivrée due au malt caramélisé et une saveur particulière due à l'orge. Une modification possible: faire la même recette sans orge.

Utiliser de préférence un houblon d'amerture faible ou moyenne, comme les Golding ou le Fuggles, car cette bière est assez légère.

Comme modifications possibles:

• ajouter 500 grammes (1 livre) ou 1 kilogramme (2,2 livres) de malt de plus;

- ajouter 125 grammes (4 onces) de plus de malt caramélisé;
- ajouter 1 tasse de sucre de plus.

Ces modifications sont de nature à transformer cette *light ale* en *pale ale*.

INGRÉDIENTS

• Malt pâle	2 kg	4,5 lb
• Malt caramélisé	125 g	4 oz
• Eau (empâtage)	9 l	1,8 gal
• Gypse	7,5 ml	1,5 c. à thé
• Flocons d'orge	250 g	8 oz
• Eau (lavage des drêches)	16 l	3,7 gal
• Houblon	45 g	1,5 oz
• Carraghénine	2,5 ml	1/2 c. à thé
• Houblon aromatique	15 g	1/2 oz
• Sucre	250 ml	1 tasse
• Levure à bière	1 sachet	
• Gélatine	2,5 ml	1/2 c. à thé
• Sucre (à l'embouteillage)	175 ml	3/4 de tasse

Densité initiale:	1,038 (1,031)
Densité finale:	1,006
Atténuation:	25°
Teneur en alcool:	3,8 %

MÉTHODE

1° Concasser le malt et le malt caramélisé.

2° Chauffer l'eau à 50 °C (122°F), y ajouter le gypse, le malt, le malt caramélisé et les flocons d'orge.

3° Brasser pour bien mélanger et maintenir à cette température, 50 °C (122 °F), durant 30 minutes. Brasser à intervalles réguliers.

4° Chauffer pour augmenter la température à 65 °C (149 °F); maintenir le mélange à des températures variant entre 65 °C (149 °F) et 68 °C (155 °F) durant 50 minutes. Brasser à intervalles rapprochés.

5° Suivre les instructions données à la recette type no 14 à partir de l'étape 5.

6° Ajouter le sucre à la fin de la cuisson du moût, à l'étape 14.

6. RECETTE TYPE N° 16

Lager nord-américaine

Cette bière peut être décrite comme une lager nord-américaine; de couleur pâle et peu houblonnée, on ne lui ajoute pas de houblon aromatique. Elle contient suffisamment de grains pour être moelleuse et l'emploi de maïs contribue à en alléger le goût.

Utiliser comme houblon du Cascade ou du Cluster (variétés nord-américaines) ou des variétés européennes comme le Hallertau ou le Golding.

On peut remplacer le maïs par du riz, ou utiliser un mélange des deux. Pour une bière au goût de malt moins marqué, utiliser seulement 2,5 kilogrammes (5,5 livres) de malt et ajouter 500 grammes de maïs ou de riz pour compenser.

Pour obtenir une teneur en alcool plus élevée, ajouter 1 ou 2 tasses de sucre à la fin de la période d'ébullition du moût, la teneur en alcool augmentera alors de 1/2 ou 1 %, selon le cas.

INGRÉDIENTS

• Malt pâle	3 kg	6,5 lb
• Eau (empâtage)	12 l	2,6 gal
• Gypse	5 ml	1 c. à thé
• Flocons de maïs	500 g	1 lb

- Eau (lavage des drêches) | 13 l | 2,9 gal
- Houblon | 30 g | 1 oz
- Carraghénine | 2,5 ml | 1/2 c. à thé
- Levure à bière | 1 sachet |
- Gélatine | 2,5 ml | 1/2 c. à thé
- Sucre (à l'embouteillage) | 175 ml | 3/4 de tasse

Densité initiale :	1,049 (1,039)
Densité finale :	1,010
Atténuation :	29°
Teneur en alcool :	4,3 %

BRASSAGE

1° Concasser le malt.

2° Chauffer l'eau à 50 °C (122 °F), ajouter le gypse, le malt et les flocons de maïs.

Si on utilise du riz en grains au lieu des flocons de maïs, le faire cuire dans 3 litres (12 tasses) d'eau durant 45 minutes, au préalable. Utiliser dans ce cas 3 litres (12 tasses) de moins à l'empâtage.

3° Brasser pour bien mélanger et maintenir à cette température, 50 °C (122 °F), durant 30 minutes. Brasser le mélange à intervalles réguliers.

4° Chauffer ensuite pour augmenter la température à 65 °C (149 °F); maintenir le mélange à des températures variant entre 65 °C (149 °F) et 68 °C (155 °F) durant 45 minutes. Brasser le mélange à intervalles rapprochés.

5° *Facultatif*: Après 30 minutes, prélever une cuillerée de moût, ajouter une goutte d'iode et vérifier si la conversion de l'amidon est complétée. Jeter l'échantillon qui a servi au test.

6° La transformation de l'amidon terminée, chauffer pour augmenter la température à 77 °C (170 °F), maintenir le mélange à cette température durant 10 minutes.

7° Filtrer le moût à travers une passoire.

8° *Facultatif*: Reverser le moût à nouveau sur les drêches accumulées dans la passoire.

9° Chauffer l'eau qui servira au lavage des drêches à 80 °C (176 °F) et, à l'aide d'une tasse, la verser doucement sur les drêches.

10° *Facultatif*: Filtrer le moût obtenu à travers une fine toile de nylon.

11° Remettre le moût au feu et le faire bouillir 10 minutes. Écumer.

12° Ajouter le houblon et faire bouillir 50 minutes.

13° Ajouter la carraghénine et faire bouillir 20 minutes.

14° Verser le moût à travers une passoire et retirer le houblon épuisé par la cuisson.
Facultatif: Placer un coton à fromage ou une fine toile de nylon sur la passoire pour assurer une meilleure filtration du trouble grossier ou fin ou pour retenir les fines particules de houblon si on a utilisé du houblon en granules.

15° Faire refroidir le moût et procéder à la fermentation.

FERMENTATION ET EMBOUTEILLAGE

Suivre les **Instructions pour la conduite de la fermentation** et les **Instructions pour l'embouteillage** données à la fin du chapitre VI.

7. RECETTE TYPE N° 17

Pilsener tchèque

Les pilseners sont des bières fortement houblonnées; cette recette en est un exemple. Pour être fidèle à la tradition, on devrait utiliser du Saaz, un houblon d'origine tchèque mais une autre variété peut convenir. À cause de la forte quantité utilisée, prenez soin de choisir une variété qui a la même teneur en acide alpha (voir l'annexe 4), le Hallertau ou le Hersbruck, par exemple. Mélanger différentes variétés de houblon si possible. Par exemple, utiliser 30 grammes de Saaz et 30 grammes de Hallertau, au lieu de 60 grammes d'une même variété.

Pour avoir une teneur en alcool plus élevée, ajouter 2 ou 3 tasses de sucre au lieu d'une seule à la fin de l'ébullition; la teneur en alcool augmentera alors de 1/2 ou 1 % selon le cas.

INGRÉDIENTS

• Malt pâle	3,5 kg	7,5 lb
• Eau (empâtage)	12 l	2,6 gal
• Gypse	5 ml	1 c. à thé
• Eau (lavage des drêches)	13 l	2,9 gal
• Houblon	60 g	2 oz
• Carraghénine	2,5 ml	1/2 c. à thé
• Houblon aromatique	15 g	1/2 oz
• Sucre	250 ml	1 tasse
• Levure à bière	1 sachet	
• Gélatine	2,5 ml	1/2 c. à thé
• Sucre (à l'embouteillage)	175 ml	3/4 de tasse

Densité initiale:	1,054 (1,043)
Densité finale:	1,011
Atténuation:	32°
Teneur en alcool:	4,7 %

Brassage et fermentation

1° Suivre les instructions données à la recette type n° 14.

2° Ajouter le sucre à l'étape 14 à la fin de l'ébullition.

8. RECETTE TYPE N° 18

Lager canadienne

Cette bière est une lager canadienne type, une quantité modérée de malt et l'emploi de maïs et de riz contribue à lui donner une saveur et une couleur légères. Par contre, l'utilisation de miel lui confère une saveur particulière ; on peut supprimer cet ingrédient et le remplacer par une égale quantité de sucre.

Autres modifications possibles : utiliser 0,5 kilogramme (1 livre) de malt en plus ou en moins, selon le caractère recherché ou encore utiliser 0,5 kilogramme (1 livre) de plus de l'une des deux céréales. Se rappeler cependant que la quantité de céréales non maltées ne devrait pas dépasser 30 % de la totalité des grains.

Utiliser un houblon peu amer comme les Hallertau, Saaz, Cascade, Hersbruck, Tettnang ou une variété de Golding. Mélanger deux variétés différentes si possible.

Pour obtenir une teneur en alcool plus élevée, ajouter 1 ou 2 tasses de sucre à la fin de la période d'ébullition du moût, la teneur en alcool augmentera alors de 1/2 ou 1 %, selon le cas.

INGRÉDIENTS

• Malt pâle	2,5 kg	5,5 lb
• Eau (empâtage)	12 l	2,6 gal
• Gypse	2,5 ml	1/2 c. à thé
• Maïs en flocons	500 g	1 lb
• Riz	500 g	1 lb
• Eau (lavage des drêches)	13 l	2,9 gal
• Houblon	30 g	1 oz
• Carraghénine	2,5 ml	1/2 c. à thé
• Houblon aromatique	15 g	1/2 oz
• Miel	250 ml	1 tasse
• Levure à bière	1 sachet	
• Gélatine	2,5 ml	1/2 c. à thé
• Sucre (à l'embouteillage)	175 ml	3/4 de tasse

Densité initiale :	1,054 (1,043)
Densité finale :	1,010
Atténuation :	33°
Teneur en alcool :	4,8 %

BRASSAGE ET FERMENTATION

1° Concasser le malt.

2° Chauffer l'eau à 50 °C (122 °F), ajouter le gypse, le malt, les flocons de maïs et le riz. Le riz en grains doit être cuit dans 3 litres (12 tasses) d'eau durant 45 minutes, au préalable. Utiliser dans ce cas 3 litres (12 tasses) d'eau de moins à l'empâtage.

3° Brasser pour bien mélanger et maintenir à cette température, 50 °C (122 °F), durant 30 minutes. Brasser le mélange à intervalles réguliers.

4° Chauffer ensuite pour augmenter la température à 65 °C (149 °F); maintenir le mélange à des températures variant entre 65 °C (149 °F) et 68 °C (155 °F) durant 50 minutes. Brasser le mélange à intervalles rapprochés.

5° Suivre les instructions données à la recette type n⁰ 14 à partir de l'étape 5.

6° Ajouter le miel à la fin de la cuisson à l'étape 14.

9. RECETTE TYPE N⁰ 19

Porter

Cette bière sera douce et très moelleuse, parfaite pour les soirées d'hiver. L'orge torréfiée peut être remplacée par du malt torréfié (malt chocolat). Attention, il ne s'agit pas de malt noir.

Si on veut un porter plus doux, on peut ajouter 250 millilitres (1 tasse) de lactose à l'embouteillage.

Utiliser du houblon assez amer comme le Northern Brewer, le Brewer's Gold ou le Bullion. Une saveur ou un arôme de houblon n'étant pas une caractéristique recherchée dans un porter, on n'ajoute pas de houblon aromatique à la fin du brassage dans cette recette, mais si le coeur vous en dit, 15 grammes de Fuggles...

INGRÉDIENTS

• Malt pâle	3 kg	6,6 lb
• Malt caramélisé	0,5 kg	1,1 lb
• Orge torréfiée	250 g	8 oz
• Malt noir (facultatif)	30 g	1 oz
• Eau (empâtage)	12 l	2,6 gal
• Gypse	2,5 ml	1/2 c. à thé
• Eau (lavage des drêches)	13 l	2,9 gal
• Houblon	45 g	1,5 oz
• Levure à ale	1 sachet	
• Gélatine	2,5 ml	1/2 c. à thé
• Lactose (facultatif)	250 ml	1 tasse
• Sucre (à l'embouteillage)	175 ml	3/4 de tasse

Densité initiale :	1,051 (1,041)
Densité finale :	1,012
Atténuation :	29°
Teneur en alcool :	4,3 %

BRASSAGE ET FERMENTATION

1° Concasser les grains : le malt, le malt caramélisé, l'orge torréfiée et le malt noir.

2° Chauffer l'eau à 50 °C (122 °F), ajouter le gypse et les grains concassés.

3° Brasser pour bien mélanger et maintenir à cette température 50 °C (122 °F) durant 15 minutes. Brasser à intervalles réguliers.

4° Chauffer pour augmenter la température à 65 °C (149 °F); maintenir le mélange à des températures variant entre 65 °C (149 °F) et 68 °C (155 °F) durant 40 minutes. Brasser à intervalles rapprochés.

5° *Facultatif* : Après 30 minutes, prélever une cuillerée de moût, y ajouter une goutte d'iode et vérifier si la conversion de l'amidon est complétée. Jeter l'échantillon qui a servi au test.

6° La transformation de l'amidon terminée, chauffer pour augmenter la température à 77 °C (170 °F), y demeurer 10 minutes.

7° Filtrer le moût à travers une passoire.

8° *Facultatif* : Reverser le moût à nouveau sur les drêches accumulées dans la passoire.

9° Chauffer l'eau qui servira au lavage des drêches à 80 °C (176 °F) et, à l'aide d'une tasse, la verser doucement sur les drêches.

10° *Facultatif* : Filtrer le moût obtenu à travers une fine toile de nylon.

11° Remettre le moût au feu et le faire bouillir 10 minutes. Écumer.

12° Ajouter le houblon et faire bouillir 75 minutes.

13° Verser le moût à travers une passoire et retirer le houblon épuisé par la cuisson.

Facultatif: Placer un coton à fromage ou une fine toile de nylon sur la passoire pour assurer une meilleure filtration du trouble grossier ou fin ou pour retenir les fines particules de houblon si on a utilisé du houblon en granules.

14° Faire refroidir le moût et procéder à la fermentation.

FERMENTATION ET EMBOUTEILLAGE

Suivre les **Instructions pour la conduite de la fermentation** et les **Instructions pour l'embouteillage** données à la fin du chapitre VI.

10. RECETTE TYPE Nº 20

Stout

Qui dit stout, dit *Guinness*. Le nom de cette brasserie est intimement associé au stout, qui a fait sa réputation. Bière noire et veloutée, le stout est très houblonné comparativement au porter et aux autres bières brunes. L'ingrédient traditionnel du stout est l'orge torréfiée qui peut être remplacée par du malt torréfié (malt chocolat). Attention, il ne s'agit pas de malt noir.

Pour obtenir un stout plus doux, ajouter de 250 à 500 millilitres (1 à 2 tasses) de lactose à l'embouteillage. L'utilisation du lactose pour sucrer le stout est traditionnelle. Certains stouts ont déjà été commercialisés sous le nom de *Milk stout*, allusion à l'origine du lactose, un sucre qui provient du lait.

Utiliser du houblon assez amer comme le Northern Brewer, le Brewer's Gold ou le Bullion. Mélanger deux variétés si possible. Cette recette utilise 60 grammes (2 onces) de houblon, un stout plus houblonné peut supporter 75 grammes (2,5 onces). L'arôme de houblon n'étant pas une caractéristique recherchée, on n'ajoute pas de houblon aromatique en fin de brassage.

INGRÉDIENTS

• Malt pâle	3 kg	6,6 lb
• Orge torréfiée	500 g	1 lb
• Eau (empâtage)	13 l	2,9 gal
• Gypse	2,5 ml	1/2 c. à thé
• Carbonate de calcium	2,5 ml	1/2 c. à thé
• Flocons d'orge	500 g	1 lb
• Eau (lavage des drêches)	14 l	3 gal
• Houblon	60 g	2 oz
• Levure à ale	1 sachet	
• Gélatine	2,5 ml	1/2 c. à thé
• Lactose (facultatif)	250 ml	1 tasse
• Sucre (à l'embouteillage)	175 ml	3/4 de tasse

Densité initiale :	1,054 (1,043)
Densité finale :	1,013
Atténuation :	30°
Teneur en alcool :	4,5 %

BRASSAGE ET FERMENTATION

1° Concasser le malt et l'orge torréfiée.

2° Chauffer l'eau à 50 °C (122 °F), ajouter le gypse, le carbonate de calcium, les flocons d'orge et les grains concassés. Le carbonate de calcium n'est pas absolument indispensable.

Si on utilise de l'orge perlé, au lieu des flocons d'orge, concasser les grains d'orge perlé et les faire cuire dans 3 litres (12 tasses) d'eau durant 45 minutes, jusqu'à ce qu'ils soient gélifiés. Utiliser alors 3 litres (12 tasses) d'eau de moins à l'empâtage.

3° Suivre les instructions données à la recette type n⁰ 19 à partir de l'étape 3.

X

LES PROBLÈMES
ET LEURS CAUSES

Les principaux défauts qu'une bière est susceptible de présenter et leurs causes probables sont énumérés dans ce chapitre, afin de permettre au brasseur amateur de corriger sa méthode ou ses recettes lors du brassage de la prochaine cuvée.

Sommairement, les défauts d'une bière peuvent être classifiés en cinq catégories :

- les défauts liés au goût ;
- les défauts liés à l'effervescence ;
- les défauts liés à la mousse ;
- les défauts liés à l'apparence ;
- les défauts dus à une infection bactérienne.

195

1. LES DÉFAUTS LIÉS AU GOÛT

Bière mince et aqueuse

C'est une bière qui manque de corps et de velouté. C'est le défaut le plus fréquent des bières d'extrait de malt. La bière a un goût vineux qui se rapproche de celui du cidre.

Solutions

- utiliser plus d'extrait de malt ou plus de malt ;

- remplacer une partie du sucre de canne par de l'extrait de malt en poudre ;

- changer de marque d'extrait de malt ; l'extrait de malt utilisé peut contenir trop de maltose et pas assez de dextrine (ou trop de sirop de maïs et de caramel et pas assez de malt) ;

- modifier les recettes ou choisir des recettes où la densité initiale est plus élevée ; une teneur en alcool élevée améliore le moelleux de la bière ;

- employer du malt caramélisé (si vous en aimez le goût) en plus de l'extrait de malt ; pour ce faire, suivre les instructions données à la recette type n° 5, au chapitre VI ;

- fermenter la bière à plus basse température ; à haute température, les levures sont plus actives et l'atténuation est plus forte ;

- ajouter de la dextrine ou malto-dextrine à la bière lors de la fermentation ;

- fabriquer sa bière à partir de malt plutôt qu'à partir d'extrait de malt permet de régler ce problème de façon définitive ; on contrôle alors soi-même la quantité de dextrine et de maltose ;

- mettre la bière au froid le plus tôt possible après que l'effervescence est assurée.

Bière trop douce et épaisse

Ce problème est susceptible de se produire surtout avec les bières de malt.

Solutions

- diminuer la quantité de malt ou de grains crus ;
- effectuer le brassage proprement dit à plus basse température pour former moins de dextrine.

Bière trop amère ou âcre

La bière, plutôt que d'avoir une bonne amertume due au houblon, sera trop amère et même âcre.

Solutions

- écumer la bière, au moins une fois durant la fermentation principale (n'enlever, si possible, que les «amers», c'est-à-dire les substances brunes et oxydées formant le dessus du couvercle de mousse, et non toute la mousse) ;
- faire vieillir la bière plus longtemps ; souvent après un ou deux mois de plus, ce qui apparaissait initialement comme un défaut devient une qualité ;
- utiliser une variété de houblon différente (voir annexe 4) ;
- utiliser une plus faible quantité de houblon.

Goût de levure

Solutions

- laisser vieillir la bière ; si la bière a un goût de levure prononcé et qu'elle est trouble en raison de la présence de levure en suspension, c'est probablement que la fermentation du sucre ajouté à l'embouteillage n'est pas encore terminée ;

- changer de sorte de levure; celle qui a été utilisée peut être de mauvaise qualité;

- fermenter la bière à plus basse température; lorsque la température est élevée, l'autolyse, c'est-à-dire la dégradation de levures, est plus rapide;

- faire les soutirages aux intervalles prévus.

Goût fruité

La bière a parfois un goût fruité; ceci est dû habituellement à une trop haute température de fermentation. Lorsque la température est élevée, il y a formation de certains composés organiques qui sont responsables de ce goût.

Solutions

- fermenter la bière à une température plus basse;

- faire bouillir le moût; les recettes simplifiées où l'extrait de malt n'est que dilué dans l'eau, sans période de cuisson, sont susceptibles de présenter ce défaut.

2. LES DÉFAUTS LIÉS À L'EFFERVESCENCE

Bière pas assez pétillante

Solutions

- utiliser plus de sucre à l'embouteillage;

- la reprise de fermentation due à l'addition de sucre à l'embouteillage n'est pas terminée; attendre encore une semaine.

Bière pas pétillante du tout

Solutions

- garder la bière embouteillée à une température plus élevée pour favoriser la reprise de la fermentation ;

- ne pas oublier d'ajouter du sucre à l'embouteillage la prochaine fois.

Bière trop pétillante

Solutions

- utiliser moins de sucre à l'embouteillage ;

- la bière peut avoir été embouteillée avant la fin de la fermentation secondaire ; utiliser un densimètre et s'assurer que la densité finale est atteinte avant d'embouteiller.

Bulles trop grosses

Au lieu d'avoir de fines bulles qui favorisent la formation de mousse, les bulles sont très grosses comme dans une liqueur douce.

Solutions

- faire bouillir le moût plus longtemps ; cette difficulté se rencontre souvent dans le cas des bières où l'extrait de malt n'a été qu'ébouillanté et non pas bouilli avec le houblon ;

- laisser vieillir la bière encore deux ou trois semaines, ceci peut disparaître ;

- utiliser plus de malt ou d'extrait de malt et moins de sucre ;

- changer de verre ; un verre malpropre ou égratigné peut aussi causer cela.

3. LES DÉFAUTS LIÉS À LA MOUSSE

La bière ne mousse pas

S'il y a suffisamment de gaz carbonique produit, la bière devrait mousser et former un col stable.

Solutions

- employer plus d'extrait de malt ou de malt; par exemple, remplacer dans la recette une tasse de sucre blanc par une tasse d'extrait de malt en poudre;

- avec les bières d'extrait de malt, utiliser du malt caramélisé; cet ingrédient favorise la formation et la tenue de la mousse;

- avec les bières brassées à base de malt, utiliser de l'orge; cet ingrédient favorise la tenue et la formation de la mousse;

- prolonger la période de cuisson (lors de la cuisson, le moût doit bouillir à gros bouillons et non seulement mijoter);

- lors de l'écumage, au cours de la fermentation primaire, ne pas enlever toute la mousse mais seulement la pellicule brunâtre qui se forme en surface;

- bien nettoyer les verres; un verre gras ou encore un verre où subsistent des traces de détergent empêche la formation et la tenue de la mousse;

- en dernier ressort, utiliser un agent moussant vendu dans les boutiques spécialisées.

4. LES DÉFAUTS LIÉS À L'APPARENCE

Bière de couleur trop foncée

La présentation a de l'importance. Souvent, même si on utilise un extrait ou un malt pâle ou très pâle, la bière peut être plus foncée que prévu. Ceci provient du fait que lors de la cuisson du moût, il y a caramélisation des sucres.

Solution

• diluer davantage l'extrait de malt lors de la cuisson. Au lieu de faire bouillir le minimum d'eau, soit 5 litres (4,4 gallons), se rendre à 10, 15 et même 20 litres.

Bière trouble en raison de la présence de levures

Les levures apparaissent comme une fine poussière en suspension dans la bière ; en plus d'affecter l'apparence, elles agissent comme centre de condensation pour le gaz carbonique dissous dans la bière, occasionnant ainsi un dégazage prématuré de cette dernière.

Solutions

• verser la bière en évitant de remuer le dépôt de levures au fond de la bouteille ; suivre les instructions données au chapitre II ;

• laisser la bière vieillir encore quelques semaines ; la fermentation en bouteille n'est peut-être pas terminée ; ce n'est qu'à la fin de cette fermentation que les levures iront se déposer au fond de la bouteille pour y former un dépôt compact ;

• utiliser de la gélatine comme agent clarifiant.

Bière trouble en raison de la présence de protéines

Parfois la bière, sans être trouble, sera opalescente. Souvent, à la température de la pièce, elle sera limpide mais lorsque réfrigérée, elle deviendra opalescente. Ce problème se produit surtout dans le cas des bières de malt contenant aussi d'autres céréales, en particulier de l'orge. Cette opalescence est due à la présence de protéines dans la bière. En petites quantités, l'apport de ces dernières est bénéfique mais en plus grandes quantités, elles nuisent à la limpidité.

Solution

• lors du brassage proprement dit des bières de malt, maintenir le brassin à 50 °C (122 °F) durant une demi-heure; à cette température, certains enzymes (les protéinases) vont dégrader une partie des protéines susceptibles de causer ce trouble.

5. LES DÉFAUTS DUS À UNE INFECTION BACTÉRIENNE

Bière infectée par les micro-organismes

La bière a un goût aigre et on remarque une légère pellicule blanche ou un léger voile à la surface des bouteilles. Ce sont des signes de contamination par des levures sauvages ou des bactéries. La bière ne peut être sauvée et le vieillissement n'y changera rien; elle doit être jetée et tout l'équipement ou le matériel utilisé doit être nettoyé et stérilisé. Les micro-organismes impliqués sont habituellement des bactéries qui transforment l'alcool en acide acétique. Ces cas de contamination sont très rares. Ces micro-organismes ne peuvent toutefois pas être la cause d'intoxication alimentaire.

Solutions

• nettoyer et stériliser l'équipement;

• faire bouillir tous les ingrédients susceptibles de contaminer la bière;

• couvrir le contenant durant la fermentation principale;

• soutirer la bière immédiatement après la fin de la fermentation principale;

• utiliser des contenants facilement nettoyables;

• changer la solution de métabisulfite dans les soupapes de fermentation à tous les cinq jours.

ANNEXE 1

L'EAU

Pour les bières brassées à partir d'extrait de malt l'eau du robinet peut être utilisée sans aucun traitement. Pour les bières brassées à partir de malt, il est parfois nécessaire de procéder à certains ajustements.

L'eau potable n'est jamais complètement pure; elle contient toujours des sels minéraux en solution. Ces sels minéraux sont responsables de sa dureté et de son degré d'acidité.

La dureté de l'eau

Le terme dureté en parlant de l'eau a trait à l'utilisation du savon. Une eau est dure si on doit y ajouter beaucoup de savon avant d'obtenir de la mousse. Une eau «dure» est donc une eau «dure à faire mousser», alors qu'une eau «douce» moussera avec l'addition d'une faible quantité de savon.

Pourquoi certaines eaux moussent-elles plus facilement que d'autres? L'eau contient toujours des sels minéraux en solution. Or, certains minéraux, le calcium et le magnésium entre autres, réagissent avec le savon et neutralisent son effet, de sorte qu'on doit en utiliser plus pour obtenir une même quantité de mousse. Une eau sera dite dure ou douce selon la quantité de sels de calcium et de magnésium qu'elle contient, dure elle en contient beaucoup, douce, elle en contient peu.

Dureté temporaire et dureté permanente

La dureté de l'eau peut être soit temporaire, soit permanente.

La dureté temporaire, due à la présence de bicarbonate de calcium ou de bicarbonate de magnésium, est ainsi appelée parce qu'elle peut être éliminée par ébullition de l'eau.

Lors de l'ébullition le bicarbonate de calcium se transforme en carbonate de calcium, en gaz carbonique et en eau :

$$Ca(HCO_3)_2 \longrightarrow \underset{\text{solide}}{CaCO_3} + \underset{\text{gaz}}{CO_2} + H_2O$$

Le carbonate de calcium ($CaCO_3$) formé est un sel insoluble qui est précipité sous forme solide au fond de la marmite ; il a l'aspect d'une fine poudre blanche. On l'élimine par soutirage et on obtient ainsi une eau dépourvue de bicarbonate de calcium.

La dureté permanente est due principalement à la présence de deux sels minéraux, le sulfate de calcium (gypse) et le sulfate de magnésium (sel d'Epsom). Elle ne peut être éliminée par ébullition ; c'est pourquoi elle est dite permanente.

La mesure de la dureté

La dureté ou dureté totale comprend à la fois la dureté temporaire et la dureté permanente.

La dureté est mesurée en milligramme par litre de carbonate de calcium, mg/l $CaCO_3$. Bien qu'elle puisse être due à plusieurs sels minéraux, la dureté est exprimée comme si elle était due à ce seul sel. Ainsi une eau ayant une dureté de 100 mg/l $CaCO_3$ peut ne pas contenir de carbonate de calcium du tout, mais les autres sels qu'elle contient la rendent aussi dure qu'une dose de 100 mg/l de carbonate de calcium.

Les eaux sont classifiées de la façon suivante selon leur dureté :

Caractère	Dureté en mg/l
Très douce	: 0 à 50
Douce	: 50 à 100
Modérément dure	: 100 à 200
Dure	: 200 à 300
Très dure	: 300 et plus

Plutôt que d'employer le milligramme par litre, mg/l, comme unité de mesure, on utilise parfois la partie par million, ppm, 1 ppm est équivalent à 1 mg/l.

Les sels minéraux et leur rôle

En plus d'être responsables de la dureté de l'eau, les sels minéraux qui y sont dissous en modifient le degré d'acidité ou pH. La question de l'acidité et du pH est traitée plus en détail à l'annexe 2.

Ainsi le sulfate de calcium (gypse) contribue à rendre l'eau légèrement acide (effet souhaitable), alors que le bicarbonate de calcium contribue à la rendre alcaline (effet nuisible).

Lorsque dissous dans l'eau les sels minéraux se dissocient ; ainsi le sulfate de calcium se dissocie en deux ions ou parties : un ion sulfate et un ion calcium. Chacun de ces ions joue un rôle différent lors du brassage.

L'influence de quelques sels minéraux présents dans l'eau est examinée ci-après. Cette liste n'est pas exhaustive.

Sulfate de calcium, $CaSO_4 \cdot 2H_2O$

- responsable de la dureté permanente de l'eau ;

- contribue à acidifier le moût, ce qui a pour effet d'aider l'action des enzymes lors du brassage proprement dit ;

- aide à la clarification du moût en favorisant une bonne cassure lors de la cuisson ;

- contribue à la netteté du goût ;

- appelé aussi gypse ;

- utilisé pour augmenter l'acidité du brassin lors du brassage proprement dit.

Bicarbonate de calcium, $Ca(HCO_3)_2$

- responsable de la dureté temporaire ;

- contribue à rendre l'eau alcaline, c'est-à-dire moins acide ;

- effet bénéfique à faible dose ;

- en trop grande quantité, peut donner un goût amer et âcre aux bières pâles, car il favorise une extraction trop poussée des résines du houblon ;

- peut être éliminé par ébullition du moût.

Carbonate de calcium, $CaCO_3$

- employé pour neutraliser un degré d'acidité trop élevé ;

- peu soluble dans l'eau.

Sulfate de magnésium, $MgSO_4 \cdot 7H_2O$

- propriétés analogues au sulfate de calcium ;

- aussi appelé sel d'Epsom ;

- donne une saveur amère désagréable lorsque présent en trop grande quantité.

Les rapports d'analyse de l'eau

Peu d'amateurs peuvent faire l'analyse de l'eau qu'ils utilisent lors du brassage; force nous est donc faite d'utiliser les rapports d'analyse produits par les services municipaux d'aqueduc ou autres agences gouvernementales qui s'occupent de la qualité des eaux potables.

Malheureusement ces rapports ne sont pas nécessairement conçus pour les brasseurs amateurs et l'information qu'on y retrouve, quoique fort utile, n'est pas nécessairement sous la bonne forme.

Lorsqu'un sel est dissous dans l'eau, il se dissocie en ions; ainsi, le sulfate de calcium va se séparer en un ion sulfate et en un ion calcium. Les rapports d'analyse ne donnent habituellement pas la teneur en sulfate de calcium de l'eau, ils vont donner la teneur en ions sulfates et la teneur en ions calcium. Si l'eau contient du sulfate de magnésium et du sulfate de calcium, le rapport d'analyse indiquera la teneur en magnésium, la teneur en calcium et la teneur en sulfate; or, le sulfate peut provenir aussi bien du sulfate de magnésium que du sulfate de calcium.

À toutes fins utiles, les seules informations absolument nécessaires au brasseur amateur sont les suivantes:

Dureté totale (mg/l $CaCO_3$)

• dureté ou dureté totale due aux ions calcium et aux ions magnésium;

• exprimée en milligramme par litre de carbonate de calcium, mg/l $CaCO_3$;

• comprend la dureté temporaire et la dureté permanente.

Alcalinité (dureté temporaire) (mg/l CaCO$_3$)

• l'alcalinité et la dureté temporaire sont dues toutes deux aux ions bicarbonates;

• à toutes fins utiles, l'alcalinité et la dureté temporaire sont égales;

• l'unité de mesure pour l'alcalinité est le milligramme par litre de carbonate de calcium, mg/l CaCO$_3$, comme pour la dureté.

Le traitement des eaux de brassage

Méthode simplifiée

Si l'eau de votre région est douce, dureté totale inférieure à 100 mg/l, l'addition de gypse à l'eau est souhaitable. Pour 20 litres (4,4 gallons) d'eau, les quantités de gypse recommandées sont les suivantes:

• 2,5 millilitres (1/2 c. à thé) pour les bières de type lager ou les bières brunes;

• 5 millilitres (1 c. à thé) pour les bières de type ale.

Ces quantités s'ajoutent à celles déjà mentionnées dans la liste des ingrédients données pour chaque recette.

Méthode élaborée

1° Correction de la dureté temporaire

Si la dureté temporaire (alcalinité) est supérieure à 150 mg/l, il est préférable de faire bouillir l'eau, pour éliminer les ions bicarbonates et en augmenter l'acidité. On soutire ensuite l'eau pour la séparer du précipité qui s'est formé.

Les bières brunes peuvent supporter 250 mg/l.

2° Correction de la dureté permanente

Les rapports d'analyse d'eau ne donnent habituellement pas la dureté permanente. Pour en obtenir la valeur, on soustrait la dureté temporaire de la dureté totale :

Dureté permanente = Dureté totale — Dureté temporaire

On peut viser une dureté permanente minimale de 100 mg/l pour les lagers et de 300 mg/l pour les ales. Si la dureté permanente est inférieure à ces valeurs, ajouter du gypse à l'eau. L'addition de 1 millilitre (1/4 c. à thé) de gypse à 20 litres d'eau (4,4 gallons) augmente la dureté permanente de 50 mg/l.

ANNEXE 2

ACIDITÉ ET
SIGNIFICATION DU pH

L'acidité

Un liquide peut être acide, neutre ou alcalin. L'importance de l'acidité sur le goût n'est plus à démontrer; une bière trop acide aura un goût aigrelet et désagréable, une bière trop alcaline aura un goût âcre. Cependant, dire qu'une substance est peu acide ou trop acide, ce n'est pas très précis. C'est pourquoi les chimistes ont établi une échelle qui sert à mesurer le degré d'acidité ou d'alcalinité des liquides.

La signification du pH

Le pH est une mesure du degré d'acidité ou d'alcalinité d'un liquide. Ainsi, lorsqu'on veut mesurer le degré d'acidité d'une bière, c'est au pH qu'on a recours. À titre d'exemple le pH de l'eau pure est de 7, on dit alors qu'elle est «neutre». Les substances acides ont un pH plus petit que 7 et les substances alcalines ont un pH plus grand que 7. Plus un liquide est acide, plus son pH est bas. Le pH de certains liquides est donné ci-après:

ACIDE	Jus de citron	pH = 3,0
(pH < 7)	Bière	pH = 4,5
	Moût de bière	pH = 5,5
	Salive	pH = 6,5
NEUTRE (pH = 7)	Eau distillée	pH = 7,0
ALCALIN (pH > 7)	Eau savonneuse	pH = 7,5

Le pH de l'eau distillée est de 7, elle est dite neutre. Cependant, l'eau que nous buvons n'est pas pure, mais contient certains sels minéraux qui ont pour effet d'en augmenter ou d'en diminuer l'acidité. En général, on considère que l'eau de brassage doit avoir un pH de 6,5 à 7,0.

Le pH d'un moût avant fermentation devrait être entre 5,0 et 5,5 et le pH de la bière après fermentation entre 4,0 et 4,5. Cette diminution du pH (donc augmentation de l'acidité) est due à la formation d'acides organiques naturels lors de la fermentation.

La mesure du pH d'un liquide se fait à l'aide de papier de tournesol. Le papier de tournesol est un papier réactif dont la couleur varie selon qu'il est en contact avec un milieu plus ou moins acide. Les mesures faites avec ce genre d'indicateur, bien qu'approximatives, sont suffisamment précises pour être utiles. On doit choisir un papier calibré pour des pH allant de 3 à 6 environ. Certains papiers couvrent des gammes de pH beaucoup plus grandes, mais la précision des lectures est moins bonne dans ce cas. Les lectures doivent être faites avec une précision de 0,2 unité de pH; c'est-à-dire qu'on doit pouvoir distinguer une lecture à 5,0 d'une lecture à 5,2.

Il n'est pas nécessaire de mesurer systématiquement le pH de l'eau utilisée, du moût et de la bière. Cependant, si la bière brassée est toujours trop acide, ce genre de test peut permettre de détecter l'origine du problème.

Comment corriger l'acidité?

Pour acidifier le moût, on y ajoute du gypse (sulfate de calcium). Ce sel minéral ajouté lors du brassage réagit avec les phosphates contenus dans le malt et forme des composés qui acidifient le moût.

Le carbonate de calcium est un sel minéral qui peut être utilisé pour rendre le moût plus alcalin. Ajouté à un moût trop acide au départ, il en diminue l'acidité.

Le mode d'emploi est le suivant: on mesure le pH et, si besoin en est, on ajoute l'un de ces deux sels petit à petit, 2,5 millilitres (1/2 c. à thé) à la fois; après chaque addition, on mesure le pH à nouveau.

ANNEXE 3

LA DÉGRADATION
DE L'AMIDON

La dégradation de l'amidon se fait en trois étapes :

- la gélification ;
- la liquéfaction ;
- la saccharification.

La première étape, la gélification, est une transformation qui s'obtient par addition d'eau et chauffage. Le mélange d'eau et d'amidon lorsque chauffé devient translucide et gélatineux ; cette transformation correspond à l'éclatement des granules d'amidon sous l'effet de la chaleur.

La deuxième étape, la liquéfaction, se produit sous l'action d'un enzyme, l'α amylase. Le mélange auparavant pâteux devient plus liquide. Au point de vue moléculaire, l'amidon est dégradé en dextrines.

La troisième étape, la saccharification, est la transformation en sucres plus simples de l'amidon et des dextrines. La β amylase, un deuxième enzyme, transforme l'amidon et les dextrines en sucres comme le maltose et le glucose.

Pour obtenir la gélification de l'amidon, on doit le chauffer à des températures élevées, qui ont pour effet de détruire les enzymes; c'est pourquoi lors du brassage d'une bière de malt auquel on ajoute des céréales, ces dernières sont cuites séparément d'abord pour en assurer la gélification, et ne sont ajoutées au malt qui contient les enzymes, qu'une fois la cuisson terminée.

ANNEXE 4

LA COMPOSITION DU HOUBLON

Le houblon contient:

- des résines amères;
- des huiles essentielles;
- du tanin.

Les résines amères du houblon contiennent deux substances importantes pour le brasseur: l'humulone ou acide amer alpha et la lupulone ou acide amer bêta. L'humulone, acide amer alpha, est la plus importante des deux. Le pouvoir d'amertume du houblon dépend de la teneur du houblon en acide alpha, dont le pouvoir d'amertume est 10 fois plus élevé que celui de l'acide bêta.

Le pouvoir d'amertume d'un houblon est défini comme le pourcentage en poids d'acides amers alpha qu'il contient. Par exemple, si 100 grammes de houblon contiennent 10 grammes d'acide alpha, alors on dira que la teneur en acide alpha de ce houblon est de 10 % ou que son pouvoir d'amertume est de 10 %.

Importance de la variété de houblon employée

La teneur en acide alpha du houblon peut varier de 4 à 14 % selon la variété utilisée. C'est donc dire que certains houblons sont trois fois plus amers que d'autres. Une recette de 20 litres (4,4 gallons) où on utilise 50 grammes (environ deux onces) de houblon, pourra donner selon la variété de houblon utilisée, une bière à l'amertume légère, une bière bien houblonnée ou une bière âpre et même âcre :

50 g de Fuggles   ⟶ légère amertume
50 g de Hallertau ⟶ saveur houblonnée
50 g de Galena   ⟶ âpre et même âcre au palais.

Ce qui importe, c'est la quantité finale de humulone dans la bière. Si on utilise 50 grammes de Hallertau dont la teneur en humulone est de 7 %, la quantité d'humulone contenue dans le houblon est de 0,35 gramme, soit

$$50 \text{ g} \times 0{,}07 = 0{,}35 \text{ g}$$

Si au lieu du Hallertau, on emploie du Galena qui contient 14 % de humulone, il faut en utiliser deux fois moins pour avoir la même quantité de humulone, soit

$$25 \text{ g} \times 0{,}14 = 0{,}35 \text{ g}$$

L'amateur qui utilise du houblon dont il ne connaît ni la variété, ni la teneur en acide alpha peut avoir des surprises désagréables. La variété du houblon devrait toujours être indiquée sur l'emballage.

Le tableau ci-après donne la teneur en acide alpha de différentes variétés de houblon. À noter cependant que la teneur en acide alpha pour une variété donnée peut changer quelque peu d'une année à l'autre ou d'une région à l'autre, selon la température ou la nature du sol. Le tableau indique également si cette variété de houblon peut être utilisée comme houblon aromatique en fin de brassage.

Variétés de houblon

Teneur en acide alpha (humulone) et propriété aromatique

Variété	Acide alpha	Propriété aromatique
Brewer's Gold	10 %	
Bullion	9 %	
Cascade	6 %	oui
Cluster	7 %	
Eroica	10 %	
Fuggles	4 %	oui
Galena	12 %	
Golding	5 %	oui
Hallertau	6 %	oui
Hersbruck	5 %	oui
Northern Brewer	8 %	
Saaz	5 %	oui
Styrian Golding	7 %	oui
Talisman	8 %	oui
Tettnang	6 %	oui
Willamette	5 %	oui

La quantité de houblon à utiliser

L'amerture de la bière dépend donc de la quantité d'acide alpha contenue dans le houblon ajouté au moût lors du brassage. À noter que nous parlons de la quantité d'acide alpha contenue dans le houblon ajoutée au moût plutôt que de la quantité d'acide alpha contenue dans la bière; il y a une différence entre ces deux valeurs, puisque même avec une période d'ébullition intense d'une heure et plus, tout l'acide alpha n'est pas extrait du houblon. Environ 30 % seulement de l'acide alpha du houblon se retrouve dans la bière.

Degré d'amertume de la bière

Degré d'amertume selon la quantité d'acide alpha (humulone) contenue dans le houblon utilisé pour 20 litres (4,4 gallons) de bière

Degré d'amertume	Poids d'acide alpha en grammes
Légère amertume	1,0 à 1,5
Amertume moyenne	1,5 à 2,5
Amertume prononcée	2,5 à 4,0
Amertume très prononcée	4,0 et plus

Les valeurs de ce tableau ne sont pas absolues, une bière à l'amertume prononcée, aux dires de certains, ne le sera pas assez pour d'autres.

Pour déterminer la quantité de houblon à ajouter à 20 litres (4,4 gallons) de moût, procéder de la façon suivante:

1° Choisir une variété de houblon appropriée au caractère de la bière brassée, le Hallertau, par exemple.

2° Consulter le tableau intitulé **Les variétés de houblon** pour connaître la teneur en acide alpha de la variété choisie. Le Hallertau contient 6 % d'acide alpha.

3° Multiplier le poids (en grammes) de houblon utilisé par la teneur en acide alpha. Si on emploie 60 grammes de Hallertau, lequel contient 6 % d'acide alpha alors :

$$60 \text{ g} \times 6/100 = 3{,}6 \text{ g}$$

4° Consulter le tableau précédent intitulé **Degré d'amertume de la bière** pour connaître l'amertume de la bière brassée. Si la quantité de houblon utilisée pour 20 litres (4,4 gallons) de bière contient 3,6 grammes d'acide alpha, l'amertume sera prononcée.

5° Recommencer le calcul avec une quantité plus élevée ou plus faible de houblon, si on n'est pas satisfait du résultat obtenu.

ANNEXE 5

L'ÉLABORATION DE RECETTES

Il est possible d'élaborer de nouvelles recettes ou de modifier des recettes existantes en calculant à l'avance l'effet de ces modifications sur la densité initiale de la bière et sa teneur en alcool probable.

Si on consulte le tableau 5.2, on voit qu'un moût qui contient 10 % de sucre, soit 100 grammes de sucre par litre de moût, donnera une bière dont la teneur en alcool probable (maximum possible) sera de 5 %.

Densité relative	Densité en degrés	Sucre en %	Teneur en alcool (maximum possible)
1,040	40°	10,2	5,3 %

Ainsi, après avoir mélangé nos ingrédients en suivant une recette éprouvée, si on obtient un moût de 1,040 on sait que la teneur en alcool de la bière obtenue sera aux environs de 5 %. Mais on peut aussi procéder de la façon inverse, si on veut fabriquer

Contribution à la densité des divers ingrédients

Densité d'une solution de 1 gramme par litre

Ingrédient	Densité
Blé (flocons)	0,28° (0,22°)
Extrait de malt (américain)	0,26°
Extrait de malt (anglais)	0,30°
Extrait de malt (canadien)	0,28°
Extrait de malt en poudre	0,35°
Lactose	0,36°
Maïs (semoule ou flocons)	0,30° (0,24°)
Malt	0,28° (0,22°)
Malt caramélisé	0,24° (0,19°)
Malt Munich	0,26° (0,21°)
Malt noir	0,19° (0,15°)
Malt torréfié (malt chocolat)	0,22° (0,18°)
Malto-dextrine	0,37°
Orge (flocons)	0,28° (0,22°)
Orge mondé	0,30° (0,24°)
Orge torréfiée	0,22° (0,18°)
Riz	0,30° (0,24°)
Sucre de canne	0,38°
Sucre de maïs	0,30°

une bière dont la densité initiale est de 1,040 et la teneur en alcool de 5 % (maximum possible), on doit mettre 100 grammes de sucre par litre de moût.

Si 100 grammes de sucre par litre de moût donnent une densité de 1,040, soit 40°, un gramme par litre donnera une densité de 0,4° environ.

Le sucre n'est cependant pas le seul ingrédient. L'extrait de malt contribue en grande partie à la densité, mais comme il contient environ 20 % d'eau, un gramme d'extrait de malt par litre de moût donnera une densité de 0,3°. Il en est de même du sucre de maïs dont la contribution à la densité ne sera que de 0,3°. La contribution à la densité des divers ingrédients utilisés dans la fabrication de la bière est donnée dans le tableau précédent.

Dans le cas des ingrédients composés de sucre, les valeurs données sont fiables et peuvent être utilisées directement. Dans le cas des ingrédients composés d'amidon, ces valeurs supposent que tout le moût est extrait lors du lavage des drêches, ce qui, en pratique, est impossible. Ce sont donc des valeurs maximales théoriques. On donne entre parenthèses des valeurs qui supposent que le taux d'extraction du moût est de 80 %, ce qui est encore élevé bien que possible. Utiliser ces dernières valeurs.

Par exemple, si on veut faire 1 litre d'une bière ayant une densité initiale de 40°, la contribution des divers ingrédients à la densité se calcule comme suit :

100 g d'extrait de malt	$100 \times 0{,}30 = 30°$
60 g de sucre de canne	$60 \times 0{,}38 = 23°$
3 g de houblon	$= 0°$
Densité initiale totale	$53°$

Une densité initiale de 53°, c'est trop élevé ; on diminue le sucre au cours d'un second essai :

100 g d'extrait de malt	$100 \times 0{,}30 = 30°$
30 g de sucre de canne	$30 \times 0{,}38 = 11°$
3 g de houblon	$= 0°$
Densité initiale totale	$41°$

Cette quantité de sucre et d'extrait de malt nous donne la densité initiale attendue. Ce calcul a été fait pour 1 litre de moût, pour une recette de 20 litres on obtient:

Extrait de malt   100 g/l × 20 l = 2,0 kg
Sucre   30 g/l × 20 l = 0,6 kg

Pour se familiariser avec cette méthode, on peut recalculer les recettes des chapitres VI et IX. Pour les recettes à base d'extrait de malt les prévisions pour la densité initiale sont généralement bonnes à 3° près. Pour les bières de malt, les valeurs dépendront de la proportion de moût demeurée dans les drêches lors du lavage.

On retiendra aussi de ce tableau qu'une tasse de sucre ajoutée à 20 litres de moût en augmente la densité d'environ 5°. En effet, 1 tasse de sucre pèse 250 grammes; ajoutée à 20 litres, ceci équivaut à 12,5 grammes par litre, soit 250 divisé par 20. La contribution à la densité est alors:

12,5 g de sucre de canne $12,5 × 0,38 = 4,75°$

Comme la teneur en alcool en % est égale à l'atténuation en degré divisé par 7,6, on obtient par addition d'une tasse de sucre à 20 litres de moût une augmentation de la teneur en alcool d'un peu plus d'un demi pour cent, soit 0,6 %:

$$4,75° ÷ 7,6 = 0,625 %$$

Donc 2 tasses de sucre ajoutées à une recette de 20 litres en augmentent la teneur en alcool d'un peu plus de 1 %.

Autre façon d'obtenir ce résultat, 250 grammes de sucre donneront 125 grammes d'alcool environ, soit approximativement 125 millilitres. Or 125 millilitres de plus d'alcool dans une recette de 20 litres, ceci correspond à une augmentation de la teneur en alcool de 0,625 %; en effet,

$$125 \text{ ml} ÷ 20\,000 \text{ ml} = 0,006\,25 = 0,625 %$$

Un exposé plus complet de la production d'alcool lors de la fermentation a été donné au chapitre VII.

La quantité de sucre ajoutée à l'embouteillage, soit 175 millilitres, augmente la teneur en alcool d'environ 0,4 %.

ANNEXE 6

Équivalences poids-volume

Ingrédient	Poids	Volume
Cassonade	500 g	750 ml
	1 lb	2 tasses 3/4
Céréales en flocons	500 g	1,5 l
(maïs, orge, riz, blé)	1 lb	6 tasses
Malt en grains	500 g	1 l
	1 lb	4 tasses
Malts spéciaux	500 g	1 l
	1 lb	4 tasses
Miel	500 g	400 ml
	1 lb	1 tasse 1/2
Riz en grains	500 g	500 ml
	1 lb	2 tasses
Sucre de canne	500 g	500 ml
	1 lb	2 tasses
Sucre de maïs	500 g	625 ml
	1 lb	2 tasses 1/2

GLOSSAIRE

Acide acétique
— Acide organique présent en grande quantité dans le vinaigre et responsable de sa saveur caractéristique.
— Certaines bactéries ont la propriété de transformer l'alcool présent dans la bière en acide acétique.

Acide alpha du houblon
— Voir humulone.

Acide ascorbique
— Vitamine C.
— L'acide ascorbique est un antioxydant; ajouté à la bière au moment de l'embouteillage, il en empêche l'oxydation.

Acide bêta du houblon
— Voir lupulone.

Acide citrique

— Acide organique naturel présent dans les agrumes (oranges, citrons, pamplemousses).

— Parfois utilisé dans certaines recettes pour ajuster l'acidité des moûts de bière avant la fermentation ; son emploi est discutable.

Additif

— Substance ajoutée à la bière pour des raisons de fabrication, de présentation ou de conservation.

— Mentionnons en particulier les produits antioxydants, les produits clarifiants et les éléments nutritifs pour les levures.

— Les additifs ne sont pas à proprement parler des ingrédients.

Aérobie

— Se dit des micro-organismes qui ne peuvent vivre dans un milieu privé d'air, en particulier d'oxygène.

Alcool éthylique

— Alcool contenu dans la bière et le vin.

— Produit par les levures lors de la fermentation.

Ale

— Bière d'origine anglaise à fermentation haute et brassée par infusion.

— Il existe plusieurs types de ale.

Amers (les)

— Pellicules brunes se formant à la surface de la mousse sur un moût en fermentation.

— Il est préférable d'écumer ces substances qui risquent de donner un goût âcre à la bière.

Amertume

— Caractéristique d'une bière.

— Le goût amer de la bière lui est donné par le houblon.

Amidon

— Glucide non fermentescible contenu dans les céréales, en particulier dans l'orge.

— La farine est constituée d'amidon de blé.

— Voir glucides.

Amylases

— Enzymes présents dans le malt responsables de la transformation de l'amidon en sucre et en dextrines.

— L'alpha amylase transforme l'amidon en dextrines et la bêta amylase transforme l'amidon et les dextrines en maltose.

Anaérobie

— Se dit des micro-organismes qui peuvent vivre sans air et, plus particulièrement, sans oxygène.

Anhydride sulfureux

— Gaz antiseptique.

— Lorsqu'on ajoute du métabisulfite de potassium à de l'eau, il y a production d'anhydride sulfureux ; c'est ce gaz qui est responsable de l'action antiseptique du métabisulfite.

Antioxydant

— Toute substance ajoutée à la bière pour en empêcher l'oxydation et, ce faisant, en préserver l'arôme, la couleur et la saveur.

— L'acide ascorbique (vitamine C) est utilisé à cette fin.

Antiseptique

— Propriété qu'ont certaines substances de détruire les bactéries et les moisissures.

— Le houblon a des propriétés antiseptiques faibles et prévient le développement de micro-organismes susceptibles de donner mauvais goût à la bière.

Astringence

— Caractéristique d'un aliment due à la présence de tanin.

— Le tanin provoque une contraction des muqueuses de la bouche.

— Les vins rouges et le thé fort sont des breuvages astringents.

Atténuation

— Différence entre la densité initiale et la densité finale d'une bière.

— L'atténuation est une mesure de la quantité de sucre transformée en alcool par les levures.

— L'atténuation permet de calculer la teneur en alcool.

Autolyse

— Décomposition des cellules de levures mortes.

— Une autolyse prononcée donne mauvais goût à la bière. Le soutirage permet d'éliminer les levures mortes et préserve ainsi la saveur de la bière.

Balling

— L'échelle Balling ou Brix est utilisée pour mesurer la quantité de sucre dans un moût.

— Le degré Balling et le degré Brix équivalent à 1 % de sucre en poids.

Bicarbonate de calcium

— Sel présent en solution dans l'eau et responsable de la dureté temporaire de l'eau.

— La dureté temporaire peut être éliminée par ébullition.

Bière

— Boisson alcoolique fermentée, faite avec de l'orge germée (malt) et aromatisée avec des fleurs de houblon.

Bisulfite de potassium ou de sodium
— Voir métabisulfite de potassium ou de sodium.

Bitter
— Bière d'origine anglaise à fermentation haute et brassée par infusion.
— Les bitters sont des bières en fût pâles et houblonnées.

Bonde aseptique
— Voir soupape de fermentation.

Brassage
— Étape de la fabrication de la bière où, à partir de malt, on obtient un moût fermentescible par les levures.
— C'est l'une des trois étapes de la fabrication de la bière; ces trois étapes sont le maltage, le brassage et la fermentation.
— Le brassage comprend les opérations suivantes:
  — le concassage du malt;
  — l'empâtage (mélange avec de l'eau);
  — le brassage proprement dit (voir ce mot);
  — la cuisson et le houblonnage.

Brassage proprement dit
— Lors du brassage proprement dit, le malt qui a d'abord été broyé (concassage) et mélangé à de l'eau (empâtage) est maintenu à des températures précises, entre 65 °C (150 °F) et 68 °C (155 °F) durant des périodes de temps déterminées pour permettre aux enzymes de transformer l'amidon en sucre.

Brassin
— Mélange d'eau et de malt concassé; ce mélange sera chauffé à des températures déterminées pour assurer la transformation de l'amidon en sucre.

235

Brix

— Voir Balling.

Capsuleuse

— Instrument servant à fixer les capsules métalliques sur les bouteilles.

Caramel

— Le caramel est obtenu par chauffage du sucre jusqu'à ce qu'il brunisse.

— Utilisé pour colorer la bière.

Carbonate de calcium

— Sel minéral présent dans l'eau.

— Utilisé pour diminuer l'acidité du moût.

Cassure

— Terme désignant la coagulation et la floculation de certaines substances lors de la cuisson du moût.

Décoction

— Méthode de brassage où une partie du moût est portée à ébullition et est ensuite rajoutée dans la cuve de façon à atteindre des températures où l'action des enzymes, qui transforment l'amidon en sucre, est optimale.

Densimètre

— Instrument de mesure de la densité d'un liquide; ici un moût ou une bière.

Densité

— Rapport de la masse d'un volume d'un liquide à la masse d'un égal volume d'eau.

— Si un litre de moût a une masse de 1,040 kilogramme, sa densité est 1,040, car la masse d'un litre d'eau est de 1,000 kilogramme.

— La densité d'un moût augmente avec la quantité de sucre qu'il contient.

Densité finale
— Densité de la bière mesurée à la fin de la fermentation.

Densité initiale
— Densité d'un moût de bière avant le début de la fermentation.

Désagrégé
— Se dit du malt.
— Lors du maltage, le contenu du grain en germination devient de plus en plus friable; il se désagrège.
— Selon le temps que dure la germination, le malt sera fortement ou faiblement désagrégé.

Dextrine
— Glucide ou sucre complexe non fermentescible par les levures.
— Les dextrines du moût ne sont pas transformées en alcool par les levures. Elles se retrouvent dans la bière et contribuent à lui donner du corps et du moelleux.

Diastase
— Voir enzyme.

Diastasique
— Qui contient des diastases (enzymes).
— Les extraits de malt diastasiques contiennent des diastases, c'est-à-dire des enzymes comme les amylases qui ont la propriété de transformer l'amidon en sucre.
— L'extrait de malt diastasique permet d'utiliser des grains crus.
— Voir diastase.

Drêches
— Résidus obtenus lors de la filtration du moût à

la fin du brassage proprement dit et formés de l'enveloppe des grains de malt broyés.

Dureté

— Propriété de l'eau due à la présence de certains sels minéraux.

— On distingue la dureté temporaire due aux bicarbonates et la dureté permanente due aux sulfates.

Empâtage

— Opération où l'on mélange l'eau et le malt broyé.

Enzyme

— Substances organiques complexes capables, dans certaines conditions de température et de pH, d'effectuer certaines transformations.

— Les enzymes les plus utiles pour le brasseur sont ceux qui dégradent l'amidon (amylases) et les protéines (protéinases) en composés plus simples.

Extrait de malt

— Sirop épais obtenu en concentrant, par évaporation, un moût de bière.

Fermentation

— Étape de la fabrication de la bière au cours de laquelle les levures transforment le sucre en alcool et en gaz carbonique.

— La fermentation se divise en deux phases : la fermentation principale et la fermentation secondaire.

Gaz carbonique

— Gaz formé par les levures lors de la fermentation.

— Il provoque l'effervescence des vins pétillants et de la bière.

Gélatine
— Substance d'origine animale ajoutée à la bière à titre de produit clarifiant.

Gélification
— Transformation de l'amidon par chauffage.
— L'amidon gélifié est translucide et gélatineux.

Glucides
— Synonymes : sucres ou hydrates de carbone.
— Molécules organiques composées d'hydrogène, d'oxygène et de carbone, les glucides sont des assemblages plus ou moins complexes de ces trois éléments.
— Comme exemple de glucides, on peut citer :
  • l'amidon, très complexe, non fermentescible ;
  • la dextrine, complexe, non fermentescible ;
  • le maltose, simple, fermentescible ;
  • le glucose, très simple, fermentescible.
— Lors du brassage proprement dit, les glucides complexes, non fermentescibles, sont dégradés en glucides plus simples fermentescibles.

Gypse
— Voir sulfate de calcium.

Houblon
— Plante dont les fleurs femelles servent à aromatiser la bière.
— Par extension, le terme houblon sert à désigner les fleurs elles-mêmes, c'est-à-dire la partie de la plante ajoutée à la bière.

Houblonnage
— Opération consistant à ajouter le houblon à la bière.

Houblonnage à cru

— Méthode de houblonnage consistant à ajouter du houblon après la fin de la cuisson du moût plutôt que pendant la cuisson et à l'y laisser durant une partie de la fermentation.

Huiles essentielles du houblon

— Composés aromatiques provenant du houblon.

— Responsables du bouquet de certaines bières, où l'odeur du houblon est perceptible.

Humulone

— Substance responsable de l'amertume du houblon.

— Appelée aussi acide amer alpha.

Hydrates de carbone

— Voir glucides.

Ichtyocolle

— Produit clarifiant utilisé à la place de la gélatine.

— En anglais : *isinglass*.

Infusion

— Méthode de brassage typiquement anglaise où le brassin est porté à différentes températures par addition d'eau chaude.

Isinglass

— Voir Ichtyocolle.

Lactose

— Sucre non fermentescible par les levures.

— Le lactose n'est pas transformé en alcool par les levures et est utilisé pour donner un goût sucré à la bière.

Lager

— Bière d'origine européenne continentale à fermentation basse.

— Il existe plusieurs types de lager.

Levain

— Petite quantité de moût en fermentation utilisée pour ensemencer une plus grande quantité de moût.

— L'emploi d'un levain préparé à l'avance, plutôt que de levures séchées, accélère le départ de la fermentation.

Levure

— Champignon microscopique qui a la propriété de transformer le sucre en alcool et en gaz carbonique.

Lie

— Dépôt qui se forme au fond des cuves de fermentation.

— La lie est surtout formée de levures et de divers débris végétaux qui vont se déposer au fond du récipient après la fermentation.

Lupuline

— Poudre jaune contenue dans les cônes de houblon.

— On y retrouve les acides amers du houblon.

Lupulone

— Substance amère contenue dans le houblon.

— Dix fois moins amère que l'humulone, son rôle est négligeable.

— Appelée aussi acide amer bêta.

Malt

— Orge germée et séchée, que l'on utilise comme ingrédient de base pour le brassage de la bière.

Malt caramélisé (malt caramel)

— Malt spécial où l'amidon a été transformé en sucre.

— Ajouté à la bière en petite quantité pour lui donner une saveur spéciale et une couleur plus foncée.

Maltage

— Opération au cours de laquelle des grains d'orge sont germés et ensuite séchés par chauffage.

— L'orge ainsi modifiée s'appelle malt et sert d'ingrédient de base pour la fabrication de la bière.

Malto-dextrine

— Dextrine provenant de l'amidon du malt.

— Ajoutée à la bière pour lui donner plus de corps et de bouche.

Maturation

— Étape de la fabrication de la bière qui suit la fermentation secondaire.

— Période au cours de laquelle le goût de la bière s'affine.

Métabisulfite de potassium

— Produit chimique antiseptique qui sert à stériliser le matériel utilisé.

Métabisulfite de sodium

— Usages et propriétés identiques au métabisulfite de potassium.

— Voir métabisulfite de potassium.

Moût

— Liquide sucré dérivé du malt qui sera fermenté par les levures pour donner de la bière.

Organoleptique

— Se dit de l'ensemble des sensations (visuelles, olfactives, gustatives et tactiles) perçues lors de la dégustation d'une bière.

— Les qualités organoleptiques se perçoivent à la dégustation.

Orge
— Céréale, ingrédient de base de la bière.
— Voir malt.

Orge perlé ou orge mondé
— Grains d'orge décortiqués.
— L'orge mondé est employé comme succédané du malt. Riche en protéines, il donne du corps à la bière et contribue à la bonne tenue de la mousse.

Ouillage
— Opération qui consiste à garder les cruches toujours pleines.
— L'ouillage a pour effet de diminuer la quantité d'air présente dans les cruches et de prévenir ainsi l'oxydation de la bière.

Oxydation
— Réaction chimique se produisant lorsque la bière est en contact avec l'oxygène de l'air.
— Une bière oxydée perd son arôme et son bouquet, et sa saveur devient fade.

pH
— Le pH est une mesure de degré d'acidité ou d'alcalinité d'un liquide.
— Cet indice est utilisé pour indiquer le niveau d'acidité de la bière ou du moût.

Phosphate diammonique
— Sel minéral nécessaire au développement des levures ; c'est un élément nutritif essentiel.
— Appelé aussi phosphate d'ammonium.

Protéinases
— Enzymes présents dans le malt et responsables de la transformation des protéines en composés plus simples (peptides et acides aminés).

Saccharification
— Transformation de l'amidon en sucre fermentescible.

Semoule
— Farine granulée où l'amande du grain est concassée plutôt que moulue en fine poudre, comme la farine ordinaire.

Soupape de fermentation
— Dispositif qui, fixé sur une cruche contenant un moût en fermentation, permet au gaz carbonique de s'échapper tout en empêchant les micro-organismes d'y pénétrer.
— Appelée aussi bonde aseptique ou bonde.

Soutirage
— Opération qui consiste à transvaser la bière d'un contenant à l'autre afin d'éliminer la lie qui s'est déposée au fond du contenant.

Succédané
— Terme employé pour désigner diverses céréales susceptibles de remplacer une partie du malt lors du brassage.
— Les succédanés les plus employés sont le maïs, le riz et l'orge non maltée.

Sucre de canne
— Sucre extrait de la canne à sucre. C'est le sucre vendu habituellement sur le marché.
— Appelé saccharose (nom scientifique), c'est le plus répandu des sucres; les sucres de betterave et d'érable sont également des saccharoses.
— Pour fermenter le saccharose, les levures doivent d'abord le transformer en sucres plus simples, soit en glucose et en fructose, ce qu'elles font facilement.

Sucres

— Voir glucides.

Sulfate de calcium

— Sel minéral présent dans l'eau. Le sulfate de calcium a un effet bénéfique sur le goût de la bière.

— Le sulfate de calcium, appelé aussi gypse, est responsable de la dureté permanente de l'eau.

— Le gypse réagit lors du brassage avec certains phosphates et contribue ainsi à acidifier le moût.

Tanin ou tannin

— Le tanin ou acide tannique est une substance d'origine végétale que l'on retrouve dans le houblon et dans l'écorce des grains d'orge.

— Le tanin a un goût amer et est responsable de l'astringence des vins rouges et, à un degré moindre, de certaines bières.

Thiamine

— Vitamine B1.

— Élément nutritif indispensable aux levures.

Trouble

— Le trouble est formé de substances qui coagulent lors de la cuisson du moût.

— Un examen attentif du moût permet de les détecter sous la forme de petits flocons en suspension dans le moût, qui vont éventuellement se déposer avec la lie.

— Le trouble grossier (flocons plus gros) se forme lors de l'ébullition du moût et le trouble fin lors du refroidissement.

— Il est préférable d'éliminer ces substances, car le trouble fin peut retarder la fermentation du moût.

Vitamine B1

— Voir thiamine.

Vitamine C

— Voir acide ascorbique.

LEXIQUE
ANGLAIS-FRANÇAIS
DES INGRÉDIENTS

Additive	Additif
Adjunct	Succédané
Ammonium phosphate	Phosphate diammonique
Ascorbic acid	Acide ascorbique
Barley	Orge
Black malt	Malt noir
Cane sugar	Sucre de canne
Caramel	Caramel
Caramel malt	voir *Crystal malt*
Carbohydrates	Glucides
Carragheen	Carraghénine
Chocolate malt	Malt torréfié, malt chocolat
Compressed hops	Houblon pressé
Corn	Maïs
Corn flakes	Flocons de maïs
Corn meal	Semoule de maïs

Corn sugar	Sucre de maïs
Corn syrup	Sirop de maïs
Crystal malt	Malt caramélisé, malt caramel
Dark beer	Bière brune
Dark malt	Malt foncé, brun
Dextrine	Dextrine
Dextrose	Glucose, dextrose
Diastatic malt extract	Extrait de malt diastasique
Finings	Produits clarifiants
Flaked barley	Flocons d'orge
Flaked maize	Flocons de maïs
Flaked rice	Flocons de riz
Flaked wheat	Flocons de blé
Flakes	Flocons
Gelatin	Gélatine
Gypsum	Gypse
Hard water	Eau dure
Heading agent	Agent moussant
Hop	Houblon
Hop cone	Cône de houblon
Hop extract	Extrait de houblon
Hop oil	Huile de houblon
Hop pellet	Granule de houblon
Hop resin	Résine de houblon
Hopped malt extract	Extrait de malt houblonné
Hopped wort	Moût houblonné
Irish moss	Carraghénine
Isinglass	Ichtyocolle
Isomerised hop extract	Extrait de houblon isomérisé

Lactose	Lactose
Lupulin	Lupuline
Maize	Maïs
Maize starch	Fécule de maïs, amidon de maïs
Malt	Malt
Malt adjuncts	Succédanés du malt
Malt extract	Extrait de malt
Malting barley	Orge à malter
Malto-dextrin	Malto-dextrine
Modified malt	Malt désagrégé
Nutrient	Élément nutritif
Pale beer	Bière blonde
Pale malt	Malt pâle
Peeled barley	Orge perlé, orge mondé
Roasted barley	Orge torréfiée
Roasted malt	Malt torréfié
Six-rowed barley	Orge à six rangs
Soft water	Eau douce
Starch	Amidon
Tannin	Tanin
Two-rowed barley	Orge à deux rangs
Wheat	Blé
Wheat malt	Blé malté
Wort	Moût
Yeast	Levure
Yeast extract	Extrait de levure
Yeast nutrients	Éléments nutritifs pour levures
Yeast starter	Levain

FICHE DE CONTRÔLE

RECETTE No ____

TITRE : _____

1- INGRÉDIENTS

Nom   Quantité

_____   _____

_____   _____

_____   _____

_____   _____

_____   _____

_____   _____

_____   _____

_____   _____

2- BRASSAGE (méthode suivie)

_____

_____

_____

_____

_____

_____

_____

_____

_____

_____

3- FERMENTATION

	Date	Heure	Densité	Température
Addition des levures	_____	_____	_____ ①	_____
Début de la fermentation	_____	_____	_____	_____
Écumage	_____	_____	_____	_____
Écumage	_____	_____	_____	_____
Soutirage	_____	_____	_____	_____
1re semaine	_____	_____	_____	_____
2e semaine	_____	_____	_____	_____
3e semaine	_____	_____	_____	_____
4e semaine	_____	_____	_____	_____
5e semaine	_____	_____	_____	_____
Fin de la fermentation	_____	_____	_____ ②	_____
Embouteillage	_____	_____	_____ ③	_____

① Densité initiale

② Densité finale

③ Densité à l'embouteillage (après addition de sucre)

Teneur en alcool : _____ Atténuation : _____

4- DÉGUSTATION ET COMMENTAIRES

_____

_____

_____

_____

_____

_____

_____

_____

INDEX

Achevé d'imprimer
en mars 1993 sur les presses
des Ateliers Graphiques Marc Veilleux Inc.
Cap-Saint-Ignace, Qué.